华夏众智

高效能政府绩效评估体系

HR专业能力建设工程丛书

副主编 张小峰
总主编 彭剑锋 杨伟国

张小峰 刘显睿 —— 著

Highly Efficient Government
Performance Evaluation

复旦大学出版社

前　言

随着我国市场经济地位的建立和改革开放的深入开展,经济全球化、市场化和管理民主化趋势的日益明显,公众对政府公共管理在服务质量、办事成本、办事效率等方面的期望值越来越高,监督意识越来越强,旧的行政方式越来越不适应社会发展的需要和构建服务型、绩效型政府的改革目标,政府公共管理问题日益凸显。

从西方国家来看,20世纪以来,随着信息科学的高速发展和经济全球化格局的逐步形成,西方国家传统的行政管理模式受到了普遍质疑。从70年代开始,英国、美国等发达国家纷纷推行以新公共管理运动为核心的政府行政管理改革,主张在公共行政管理中参考企业管理理论,将市场竞争机制、目标管理、绩效评估和成本核算等方法应用于公共行政领域,以改善公共行政绩效,提高政府服务的质量和水平,满足公民对"政府再造"的客观要求。其中,绩效评估作为提高政府绩效管理水平的有效工具,在公共管理领域取得了显著的成效。1979年,英国著名的"雷纳评审"让政府部门正式确立了绩效意识,在此基础上政府绩效评估在英国得到广泛运用,并实现了持久和稳定的发展。1993年美国国会颁布《政府绩效与结果法案》,形成完整的政府绩效评估体系,在世界各国中率先以法律形式确立了政府绩效评估的地位。而在其他西方国家,政府绩效评估也在较大范围内得到应用,并在提高政府行政管理水平方面取得了较好的成效,政府绩效评估逐渐出现全球化趋势。

由此可见,政府绩效评估是民主政治的产物,伴随民主政治而产生并随着民主化水平的提高而提高。政府绩效评估的价值意义与民主政治的发展水平呈正比例关系:民主化程度越高,人民对政府运行情况的了解越多,政治制度对公民参与的容量越大,对政府绩效评估的愿望越迫切,评价的效果也就越好,社会公众对政府行为的约束越到位。

与西方国家相比,我国对政府绩效评估的研究和实践起步较晚,理论研究尤其薄弱。提高我国政府绩效评估水平,使其规范化、系统化、制度化、科学化,迫切需要借鉴国外的先进经验,探讨建立适合我国国情的政府绩效评估理论框架、方法体系及操作程序,研究我国政府绩效评估体系的构建具有重要的理论和实践意义。

因此,一方面,借鉴西方发达国家的实践经验、推行政府绩效评估和建设高绩效的政府组织,是我国深化行政管理体制改革的重要内容和转变政府职能的必然要求;另一方面,我国与西方发达国家面临的政府公共管理问题有着不同的成因,双方所处的社会发展阶段和社会发展的成熟程度也不相同,政府公共管理与企业管理有着严重的差异,这就决定了我国政府绩效评估在内容、实施进程和实施方法等方面要有自己的特点。

我国政府绩效评估的目的主要有两方面:第一,加强对国家行政机关的政治监督。监督的前提是了解、知情。人民对政府工作满意与否,不能仅凭表面现象来下结论,而应该是根据实际的绩效,因此对政府行为实际效果与业绩的认定是十分必要的。为了有效地对政府实施监督,就必须对政府行为有个准确客观的行为评估,这是政府接受国家权力机关监督的前提和基础。有了对政府绩效的评估,国家权力机关的监督就有了依据,就有了针对性,才能改善政府业绩。第二,政府绩效评估的目的还在于改善政府行为。通过评价,政府机构运行中的缺陷与不足才能反映出来。评估的目的从根本上来说不是调整政府人事,而是加强和改善管理、提高政府服务质量。政府行为难免有缺陷与不足,这些不足与缺陷被发现后,首要的是革除弊病、创新制度。在西方国家,政府绩效评价往往是社会公众投票时的参考,是判断选民对政府是否满意的依据。绩效评估旨在服务社会公众而不是政府管理人员。在我国,绩效评估一方面要为人民群众服务,另一方面也要供政府内部管理控制、提高绩效之用。

建立高效的政府绩效管理体系,必须按照"分步实施、逐步推进"的原则,在总结绩效评估实践经验的基础上,逐步扩大试点范围。正是基于这一认识,本书在系统性回顾中西方传统行政模式及现代绩效评估的实践和理论的基础之上,对我国政府绩效评估理论研究与实践的现状进行反思,对政府绩效评估的内涵进行科学的阐释,以期把握政府绩效评估的正确发展方向。同时,本书还以某省级行政区的就业绩效评估系统为示范,展示了针对就业的政府绩效管理体系的整体框架,并主要针对政府绩效评估体系进行了详细的介绍。

目录

前言

第一章 传统行政模式的历史渊源及局限性 | 1

第一节 传统行政模式的实践及理论基础 | 1

一、政治与行政二分法 | 2

二、官僚制理论 | 4

三、科学管理理论 | 6

第二节 传统行政模式的困境 | 9

一、行政国家的出现 | 9

二、公共政策失效 | 10

三、"程式化"行政现象的出现 | 10

四、官僚缺乏回应性和民主责任意志 | 11

第三节 中国行政管理模式的历史问题 | 13

一、制度僵化，组织庞大 | 13

二、人事成本居高不下 | 14

三、政策性压力 | 14

四、管理阶层与员工的敷衍心态 | 14

五、缺乏资金，资源匮乏 | 15

六、效率低下，服务质量低 | 15

第四节 中西方传统行政模式的转型 | 18

一、西方政府行政模式的市场化转型 | 18

二、中国政府行政模式转型探索 | 21

第二章 新公共管理的突破——绩效管理 | 25

第一节 新公共管理运动的社会及理论渊源 | 25

一、新公共管理的社会背景 | 25

二、新公共管理的理论渊源 | 27

第二节 公共部门绩效管理——一种新的管理工具 | 32

一、政府绩效管理的基本构成要件 | 33

二、政府绩效管理体系的主要流程 | 35

三、政府绩效管理体系的保障机制 | 38

四、政府绩效评估与绩效管理的区别与联系 | 41

五、政府绩效评估的特点及发展趋势 | 45

第三节 西方国家政府绩效评估实践 | 49

一、美国政府绩效评估体系 | 49

二、英国政府绩效评估体系 | 55

三、澳大利亚政府绩效评估体系 | 62

第四节 我国地方政府绩效评估实践 | 76

一、我国地方政府绩效评估的发展历程 | 76

二、我国地方政府绩效评估典型实践 | 80

三、当前我国地方政府绩效评估存在的问题 | 91

第三章　高效政府绩效评估体系 | 96

第一节　政府绩效评估价值标准 | 96

第二节　政府绩效评估战略框架 | 100

一、信息资料的收集 | 101

二、绩效目标的确定 | 102

三、评估项目的划分 | 104

第三节　政府绩效评估方法 | 118

一、目标管理 | 118

二、标杆绩效评估 | 125

三、平衡计分卡 | 132

四、全面质量管理 | 140

五、项目等级评价体系 | 146

第四节　政府绩效评估指标体系构建 | 150

一、政府绩效评估指标体系构建的依据 | 150

二、政府绩效评估指标类型 | 154

三、政府绩效评估指标确定的原则 | 160

四、政府绩效评估指标设计方法 | 166

第五节　政府绩效评估结果应用 | 172

一、评估结果与表彰奖励相结合 | 172

二、评估结果与行政问责相结合 | 173

三、评估结果与财政预算安排、绩效审计相结合 | 173

第四章　某省级行政区就业绩效评估体系 ｜ 175

第一节　某省级行政区就业绩效评估体系建立过程 ｜ 175

一、政策背景 ｜ 175

二、研究方法 ｜ 177

第二节　某省级行政区就业工作绩效评估的理论及实践依据 ｜ 179

一、绩效管理 ｜ 179

二、政府绩效管理 ｜ 182

三、政府就业工作绩效考核 ｜ 185

四、国外就业工作评估实践经验 ｜ 188

五、国内就业工作评估实践经验 ｜ 197

第三节　某省级行政区就业工作绩效评估工作现状 ｜ 203

一、某省级行政区就业工作的基本情况 ｜ 203

二、某省级行政区就业工作绩效评估现状 ｜ 207

三、某省级行政区就业工作绩效评估工作改进方向 ｜ 208

第四节　某省级行政区就业工作绩效评估设计框架 ｜ 214

一、总体目标 ｜ 214

二、基本原则 ｜ 215

三、指标设计 | 217

第五节　某省级行政区就业工作绩效评估体系 | 229

　　一、基本考虑 | 229

　　二、设计思路 | 230

　　三、整体框架 | 232

　　四、评估结构 | 235

　　五、技术规划 | 241

　　六、计算模板 | 246

　　七、计算方法 | 269

　　八、权重设置方法 | 282

第一章 传统行政模式的历史渊源及局限性

第一节 传统行政模式的实践及理论基础

传统行政模式的理论基础来源于西方发达国家早期的行政改革实践:英国的诺斯科特-原特里维廉报告、美国的伍德罗·威尔逊(Woodrow Wilson)的政治-行政两分法、德国的马克斯·韦伯(Max Weber)的官僚制,以及美国的泰勒(Frederick Winslow Tayler)在工商企业发动的科学管理运动,均对传统行政模式的确立有着重大的影响。

传统行政模式的基本思想可以表述为:行政部门处于政治领导的正式控制之下,并建立在官僚制严格的等级制模式的基础之上,由常任的、中立的和无个性特征的官员任职,只受到公共利益的激励,不偏不倚地为任何执政党服务,不是修饰政策,而仅仅是执行被政治官员决定的政策。在传统行政模式看来,行政效率主要来自官僚制度自身的运行,官僚制度本身的许多特点可以保证公共行政能够"自动"地实现效率。因此,传统行政模式的效率基点正是建立在这一模式的理论渊源及其基本假设基础之上的。

一、政治与行政二分法

政治与行政二分法（dichotomy of politics and administration）是美国学者伍德罗·威尔逊在1887年所著的《行政学之研究》一文中提出的观点。后来,古德诺（Frank Goodnow）在1890年发表的《政治与行政》一书中,进一步阐发了这一观点,发展成系统的理论,并产生了广泛的影响。这一理论的中心思想是:"行政管理的领域是一种事务性的领域,它与政治领域的那种混乱和冲突相距甚远。行政管理置身于'政治'所特有的范围之外。行政管理的问题并不是政治问题,虽然行政管理的任务是由政治加以确定的,但政治却无须自找麻烦地去操纵行政管理机构。"这一理论的经典表述是:政治是国家意志的表现,行政是国家意志的执行。

这种理论要求"行政"保持"价值中立",它的价值在于曾经推动了行政部门保持政治中立,克服了"政党分肥制"等弊端,保证了政治的清明及行政效率的提高。然而它过分偏重了行政的技术理性,忽视了政治与行政内在的、必然的联系。二分法理论无论是在理论上,还是在实践当中都存在许多的不足,受到广泛的批评。

政治-行政二分法最大的缺陷反映在:行政的角色只是找到最有效率的手段以实现政治上的既定目标,即坚持目标和手段的分离,然而这种二分法既无法反映实践,也无助于说明民主制度中的行政角色。行政管理牵涉到复杂的社会价值的表达,所以必须使行政人员有参与决策的机会。为此,行政管理必然强调决策过程中行政人员广泛的沟通和参与的必要性。所以行政人员终究负有一个特殊的使命,即超越"工具理性行为"之藩篱,揭开政策过程的民主化。

行政人员也有根据公正、公平、理解、人性来行动的责任,但是,如果仅根据政治与行政二分法,事实与价值分离的理性观点,而忽略了诸如价值、情感、意志、直觉等人类非理性的层面,实现这些民主责任将更加困难。这种态度也会使行政人员个人产生"个性泯灭"或"非人格化"的后果。怀特(Willian White)的《组织人》、斯科特(Willian Scott)和哈特(David Hart)的《组织中的美国》等著作近乎一致地认为,复杂组织中的非人格化理性控制机制会贬抑和忽视"人际互动"的重要性,使每一个人丧失了对于创造力和人格成长极为必要的自我反省和自我认同。

有许多学者认为,社会的理性化是一种以特殊的价值中立为前提的"成本效率计算"以及"目的与手段计算",而忽视诸如自由、正义、平等所代表的人类价值观的较为宏观性的价值。公共行政的使命就是参与、支持并促进民主化治理的允诺得以实现,那么就不能囿于绝对无法产生及确保我们集体行动的行政伦理的有限的工具理性的框架。

二、官僚制理论

官僚制(bureaucracy)是德国著名的社会学家、政治经济学家马克斯·韦伯于1911年发表的作为西方官僚制理论基石的《官僚制》一文中提出的理想组织模式。韦伯的理想官僚制组织是建立在"合理-合法"权威基础上的,从属于技术理性原则的,拥有工具的合理性的,层次分明、制度严格、权责明确的等级制组织模式。韦伯通过他的官僚制理论的建构,解决了将威尔逊思想付诸实践的一切技术性问题,也就是说,韦伯的官僚制理论已经把威尔逊的思想由应然转化为实然。

官僚制是工业社会的产物,是用来描述工业社会组织形态的一种理论,是与工业化大生产相适应的组织形式,并能使其所要完成或达到的目标实现技术理性最大化。马克斯·韦伯在《官僚制》一文中,对官僚制的基本特征及官员职位做了如下阐述。

(一) 官僚制的特征

(1) 权限范围的理论原则一般是以法规形式加以规定

的,不受个人情感因素影响。

(2) 机关等级制结构与按等级赋予权力的原则。这意味着一种牢固而有秩序的上下级制度,在这种制度中存在着一种上级机关对下级机关的监督机制。

(3) 文书档案是现代机关管理工作的基础。

(4) 办公室管理走向现代化和专业化。

(5) 在公务活动中要求官员具有充分的能力胜任工作。

(6) 办公室管理要遵循一般规律。这些规律的稳定性是不确定的。相关的知识须由官员通过学习法学、行政或企事业管理知识等技术性学问来把握。

(二) 官员职位的特征

(1) 担任公职成为一种职业。这有三层内涵:①担任公职需要经过培训;②一般性和专门性考试是任职的先决条件;③官员的职位具有一种公共性。公职作为一种个人所从事的特定"职业",它有自己特定的职能目标和文化价值理念。不能再像中世纪乃至近代初期惯有的情形一样,把担任公职当作改变身份的途径,并对其寄托无限的功利期望。如今进入某种办公机构,就意味着接受履行某一职位职责的义务,并对其负责,从而取得维持生计的报酬。

(2) 官员的个人职位是通过以下方式定型的:①人们对

"明显的社会尊重"的向往;②官员是通过考试,由上级加以任命的;③官员是终身任职的;④官员接受定额薪俸。

这种以等级制、制度化、职业化、非人格化、稳定性等为特征的官僚制理论在处理工业社会中大规模的、极端复杂的生产环境方面,具有积极的功效。但是任何的理论都是以一定的历史条件、一定时期的环境条件为依托的,都具有特定的指导意义,官僚制理论也不例外。随着社会的不断发展,民主化浪潮的推进,技术与研究方法的改进和组织理论研究的深入,官僚制理论的局限性也逐渐凸显,面临越来越多的挑战,受到了广泛的质疑。

三、科学管理理论

弗雷德里克·温斯洛·泰勒是美国著名的工程师和管理学家,是科学管理理论的创始人。泰勒在《科学管理原理》中提出了管理的四类责任或条件,如下所示:①认真细致地收集由工头和工人多年积累起来的大量知识、经验和技巧;②对工人的科学挑选及其后的进一步开发;③将管理科学与科学地挑选同培训工人结合起来;④在工人和管理者之间公平地划分实际的工作职责。泰勒认为,企业效率低的主要原因是管理部门缺乏合理的工作定额,工人缺乏科学的指导。因此,必须把科学知识和科学研究系运用于管理实践,科学地挑选和培训工人,科学地研究工人的生产过程和工作环境,并据此制定出严格的规章制度和合理的日工作量,采用差别计件工资调动工人的积极性,实行管理的"例外原则"。要成功地实施科学管理,劳资双方必须进行一次伟大的"精神革命",以友好合作代替对立斗争,把注意力从盈余的分配共同转向盈余的增长。

泰勒科学管理思想的主要观点是:应用科学的方法,创造集体的协调和合作,通过标准化、程序化的工作流程,提高效率,以达到最大的产出量,从而增加雇主和雇员双方的利益,实现"共赢"。为此,泰勒着眼于提高效率,加强企业的基层管理,提出了以时间-动作分析、工作定额制度、标准化管理、对工人进行职业培训、刺激性差别工资、职能主义、"例外原则"等概念为核心的管理理论,因此,科学管理理论被称作管理技术学派。在他整个思想发展的过程中,泰勒始终注重从技术分析的角度研究工人的工作方式、工作过程和工作协作,试图通过最合理、最有效的组织配合,来达到提高工人工作效率的目的。泰勒开创了科学管理的源流,于是,他本人被尊称为"科学管理之父"。

泰勒的科学管理理论和职能主义方法不仅奠定了大型企业科学管理的基础,而且推动了企业中所有权与经营权的分离,造就了一个所谓的管理阶层。这对于科学化组织管理思想的不断创新,起到了十分重要的推动作用。同时,泰勒的科学管理理论被引入行政管理领域,促进了当时政府行政效率的提高,推动了西方现代行政管理实践的发展,并成为行政管理理论的重要来源之一,对于行政理论的创新发展,做出了重大贡献。

但科学管理理论过于关注效率的提高,忽视了对于非效率价值规范的追求。科学管理理论主要运用于企业管理,其核心是提高企业的效率。但行政管理者不是中性的,他们本身有责任把出色的管理和社会公平作为社会准则、需要完成的事情或者基本原理。因此,科学管理理论在行政领域的应用,要由只专注效率、经济目的和管理行为的协调性,走向更为人道、更为有效、更为公平的价值观和伦理观,并以此作为公共行政管理的真正的价值规范基础。然而,公共组织与私人组织在本质上却存在着相当大的差异,公共管理与企业管理的价值趋向是有所不同的。企业管理是以社会公平和社会正义为代价,通过合理有效的资源配置,实现自身理性效率的最大化。公共管理则要以追求公共利益为其价值取向,在考虑效率的同时,还必须关注社会公平、社会正义、公共责任、公共参与、公共伦理等因素。

第二节　传统行政模式的困境

上文提到的这种在严格区分政治与行政的基础上实行"单一中心的行政"和按"等级制结构"非人格化管理的威尔逊-韦伯-泰勒范式的传统公共行政是政府管理失灵的主要渊源。这种范式造成了许多不良行政现象的出现,从而导致政府管理的失灵。

一、行政国家的出现

传统公共行政范式导致了国家权力各职能几乎无限制的扩张,助长了对国家财富的巧取豪夺,形成了政府的"组织专横",更"造成了我们现代化中的一致性、呆板、商业化、不平等及个人自由和尊严的丧失"。与此同时,"科层制官僚机构相伴生的行政权力和公共预算最大化倾向,导致大政府、大公共开支和高行政成本。"①官僚和官僚机构感兴趣的只是争取尽可能多的经费和更多的权力。

---

① 马克斯·韦伯.经济与社会[M].商务印书馆,1997.

二、公共政策失效

公共政策失效的中心命题可以表述为：目前已知的政策制定的核心机构，包括各个组织与过程以及它们之间的互动，其最大工作能力有限，具有犯错误的倾向，必然导致无能。因此，只有极大地改变有关组织、过程以及要素的主要特征，才能提高主要工作能力的最大值，克服犯错误的倾向以及无能。常设的、庞大的、僵化的官僚机构虽然可以实现政策的稳定性、连续性和有效性，但往往表现出政策制定与政策执行的无能。

三、"程式化"行政现象的出现

官僚化倾向的滋长，导致国家行政组织中人际关系淡漠，主动进取精神受到抑制，政府与公众关系恶化。过于明细的规章制度和过于森严的等级结构，窒息了公共管理的生机和活力。作茧自缚的规章制度，使工作人员失去了解决问题的主动性和实际操作的灵活性。而作为服务对象的居民越来越从政府的活动中异化出来，要么把政府看成冷漠无情的累赘，要么看成无限依赖的对象。森严的等级结构排除了其他社会单元参与政策管理的可能性，阻碍了行政民主的实现和行政效率的提高。如今，"环境对政府组织（及其雇员）提出的要求是建立一个更加基于绩效的管理模式，注重结果而不是规则"①。

四、官僚缺乏回应性和民主责任意志

现实的世界变化速度加快，新的问题和新的要求层出不穷。同时，人的主体意识不断提高，需求愈来愈多样化、个性化。人们现在需要的是那种能够对"变化"和"诉求"及时做出有效反应，对挑战充满热情和信心，并为此承担必要的民主政治责任和公共政策责任的政府官员。然而，"传统官僚对政治或社会的压力及输出会感到不耐烦。因为意识到他们的作用是通过技术专长来实现理性标准，而不是解决价值目标与现实利益中所产生的冲突，所以他们降低了自己在体系中的回应能力。"②

行政人员的专业化，在提高政府管理水平和效率的同时，也造成了不同专业人员之间、政府与公众之间在相互理解方面的障碍，从而降低了组织的一致性和协调性。加上专业化的行政人员与监管者之间存在知识和信息的不对称，监管者很难保证下级官员能以有效的工作来对他负责。"逃避责任""相互推诿"成为政府官员的普遍行为准则，严重阻碍了"负

---

① 张国庆.公共行政学[M].3版.北京大学出版社.
② 陈振明.公共管理学[M].中国人民大学出版社,1999.

责"这一主要目标的实现。

对威尔逊-韦伯-泰勒传统公共行政理论范式的广泛质疑与批评,强烈要求"范式"的转型,要求建立公共行政的新"范式"。许多学者对此做了不懈的探索,产生并发展了新公共行政理论、民主行政理论、公共管理理论、治理理论等新的行政理论,并试图以这些新的行政理论为基点对政府治理模式进行重塑。

第三节　中国行政管理模式的历史问题

广义上,公共管理涉及的领域包括政府机构、公营事业、公共服务等部门以及各种不同组织的公共层面。几乎所有这一领域的组织都存在一些通病,而在中国这样一个曾长期搞计划经济、强调所有权归国家所有、税收与福利制度尚不完善的国家,一旦驶入市场经济的快车道,这些流弊就如同经过放大镜一样凸显出来。

一、制度僵化,组织庞大

由于规章限制特别多,管理制度显得相当僵化,运作弹性有限。我国政府机构改革一直没有中断过,然而组织机构的臃肿问题直到今天也未妥善解决。组织过于庞大,容易形成管理死角,导致行政上缺乏效率,而决策过程太过冗长,其间自然容易产生问题。过多的层级为官僚主义的滋生提供了良好的避风港,管理者很难清晰地掌握组织状态,发现并解决问题。这就如同在组织内埋藏了许多不易发现的毒瘤细胞,等到发现时,毒瘤已在组织内盘根错节,占据了相当的地位与空间,极难割除。每做一次"手术",都会令组织元气大伤,所以每次做类似的决策,都令管理者头痛不已。倘若能将这种事后的决策改变为事前的预防,从根本上改造组织环境,消灭死角,就能为管理者消除后患,从而提高决策效率。

二、人事成本居高不下

公营事业业务庞杂,人员过剩,人事关系错综复杂。中国向来有崇尚礼仪的传统,许多地方官员,就连干部的调动安置也讲究"礼尚往来",你为我安排一个熟人,我就为你安置一个亲戚,既避免了"任人唯亲"之嫌,又做到了互惠互利。如此这般,导致员工流动率低,资深人员从事低阶工作,升迁不易但保障过高,待遇福利优渥,最终使得人事成本居高不下。

三、政策性压力

对于公营事业而言,其决策通常必须配合政府政策,因此常会因为来自高层的指导而改变方向。尽管中国经济进入转型期已近二十年,但在公营事业领域,市场并没发生大的变化,仍然是政府指令指导着行业的运营。

四、管理阶层与员工的敷衍心态

这一领域从资金来源,到资源配置,再到提供服务或产品,整个过程都由国家包揽,与市场严重脱节,在业务上缺乏竞争和外部干涉,一切依法行事,缺乏活力。而且所谓的依法行事又常变成"做最少的事"或"少做少错",缺乏开拓性和创新行为,如此一来效率自然低下。

五、缺乏资金,资源匮乏

从各国的统计资料来看,政府对公营事业和公共部门的投资占总投资的比率远远高于这一部门对总生产的贡献率。一方面,这再次反映出公共事业效率低下;另一方面,各国政府也意识到如此低的回报率是对资源的极大浪费,因而有意缩减这部分投资,转而用于经济活动以创造更大的价值,这在客观上又加剧了公共事业部门的资金困难。对于发展中的中国,需要用钱的地方还很多,政府将主要的精力放在发展经济这个中心点上面,想要变革公共事业领域,资金的匮乏将是一条"勒脖"的绳索。

六、效率低下,服务质量低

"中庸之道"在中国有着悠久的历史根源,然而这种"包容万物,海纳百川"的精神却被众多国人理解为缺乏鲜明个性、不追求极致的做法,凡事"差不多"就行了。加上长期的计划经济造成国人追求数量远超过质量,制造业和服务业提供的产品和服务品质低劣,效率低下。在公共事业领域,最突出的表现就是政府机构的效率低下以及公共服务部门的服务质量低。计划经济体制下的中国人,一直致力于解决温饱问题,尚无暇挑剔生活中其他不尽如人意之处,然而经过二十年的高速发展之后,"效率"与"生活质量"已成为人们关注的焦点。在这种情况下,供方还坚持原有的做法,必然会导致供需双方的矛盾,而这种矛盾最终将影响公众对于公共管理部门的信任度,制约经济发展的步伐。

综合来看,我国政府管理问题的症结和原因可能是与西方政府完全相反的。我国政府管理中出现的腐败现象、资源浪费、效率低下、裙带风气、责任推诿等弊病并非是过分强调政治与行政分离和官僚制的高度发展所致,反而是因为国家、政党与社会不分,令行政部门、社会组织及企业无所适从而导致的,是行政组织的个人化取向、缺章少制、不按程序办事、专业化程度低和多头领导下的权责体系紊乱而吞噬了行政效率所致。一句话,我国政府管理弊病的症结是"制缺而乱"。

虽然政治与行政不论在理论上还是实践上都难以真正分开,但是适当划分它们的权责范围,在两大领域中分别采取不同的管理制度则是可行且必要的。这样做不仅有助于造就一支有专业技能和职业操守的政治家及行政精英队伍,更利于形成政治与行政间的相互监督和制约机制。然而,我国政治与行政分离之门从未真正开启过,政治对行政的控制不仅体现在宏观决策层面,也深入到微观执行和技术层面,两者基本上是一体化的关系,谈不上像西方国家那样两者的分离过了头。至于官僚体制,人们往往把官僚主义和官僚体制当作一回事而加以痛斥,这是一种误解,官僚主义和官僚体制是不同的概念。官僚体制在我国还处于发展不足的阶段,韦伯所强调的非人格化、效率取向和注重法制及程序的官僚组织更是极度稀缺的,能就事论事、依法执法而全然不顾情面的公务人员为数不多。相反,行政行为中以权压法、轻视规则、"身份取向"凌驾于"业绩取向"之上的现象较为普遍。因此,实现政治与行政的适度分离、建设"非人格化"意义上的官僚制组织,促进公共管理走向制度化、程序化和法制化仍是今后一定时期内我国行政改革的重心。

第四节　中西方传统行政模式的转型

一、西方政府行政模式的市场化转型

自20世纪70年代末起,全球范围内掀起了一股持续性的政府改革浪潮。这场政府改革浪潮的实践动因,如上文所述,在于当代世界各国政府普遍地遇到了前所未有的经济上的财政危机、组织上的管理危机和政治上的信任危机,政府规模日趋膨胀、财政压力巨大。

政府规模膨胀,不仅体现在政府机构和人员的增长上,更体现于政府活动范围的增加、政府责任的加重、社会税收和政府直接支配社会资源比例的大幅度上升以及政府对社会和经济生活控制力度的增强。随着社会和经济的发展,适度的政府规模扩张既是必然也是必须,但政府规模的过度膨胀,不仅带来了政府机构的僵化和行动迟缓,滋生官僚主义,造成公共资源浪费,而且还严重限制和削弱了市场活力,加重了社会负担,降低了社会资源配置的整体效率。

在这种情况下,世界各国的政府都面临着类似的巨大压

力,要么通过减少社会福利来削减政府规模,要么通过增加税收来满足人们日益多样化的公共需求。但现实中,无论是减少福利还是增加税收的改革行为,都会引起人们的强烈反抗。因此,在不降低社会公共福利的前提下,如何建立责任分担、削减政府规模以缓解财政压力的机制,如向基层政府授权、向社区分权、国有经济的私有化、部分公共事业的民营化、与私人部门合作提供公共服务、利用第三部门的力量提供公共服务、放松政府对社会经济生活的规制、精简机构、裁减冗员等,就成了各国政府改革的重要策略选择。

尽管各国政府改革的侧重点与进度存在差异,但从总体上看,西方国家公共管理的发展经历了以下三个阶段。

第一个阶段是20世纪70年代末至80年代的新公共管理运动。此时政府改革的主要方向是重新界定政府与市场的关系,表现为推动国有经济的私有化和民营化、压缩社会福利项目、推动公共服务的市场化、放松政府对社会经济生活的规制,以及在公共部门中引入企业管理技术、市场竞争机制和激励机制,建立亲市场和顾客导向的政府。

第二个阶段是20世纪80年代至90年代的"打破官僚制""重塑政府"运动。改革的焦点是关注官僚制政府组织运行机制的有效性,如调整部门分工、减少管理层级、精兵简政、简化工作流程、撤消各种繁文缛节、更多地下放权力或向基层授权、推进人事和预算管理制度改革,以增强政府运作的灵活性与回应性。20世纪90年代中期以后,这种改革的侧重点转向利用日益普及的网络信息技术来全面"再造政府",即通过公共部门的信息化,全面革新政府的组织结构与工作流程,建立集成化、无缝隙、虚拟化的政府运作平台,以提高政府管理与服务的效率,同时实现公民社会与政府之间的民主互动。

第三个阶段是20世纪90年代中期以后的"治理运动"。这场运动的主要标志是以英国为代表的"第三条道路"的崛起,改革的焦点是关注民间自治与公共参与的力量,超越传统狭隘的"公私"二元对立思维,建立政府与市场及公民社会的信任与合作。此时关注的焦点,是根据公共事务的复杂性、多样性、动态性,建立一个由市场自组织、社会自治理、分层级的政府治理以及它们之间彼此有效合作所形成的复杂性、多样性、动态性的公共事务治理体系。

西方国家经过上述三个阶段的政府改革运动,基本上奠定了公共管理未来的发展方向,新的公共事务治理模式也渐露端倪。需要说明的是,进入21世纪以来,西方国家的政府改革仍在持续,而且政府改革重点转向了公共服务质量的持续改进机制和更有效的公民参与。此时的公共事务治理模式,与建立在政治与行政二分法基础上、政府作为公共事务治理的单一行为主体、政府管制与执行实行价值趋向内部取向的政府组织效率观、追求官僚制组织体系和制度规则不断完善的传统公共行政模式相比,具有自己的显著特性:①以社会公众需求的有效满足、社会公共问题的有效解决、社会公共利益的有效实现为导向,它更关注战略管理、外部关系和政策管理;②政府不再是公共事务治理的单一主体,非政府组织、公民社会以及作为私人部门的企业都是重要的辅助力量或参与者,它们共同组成解决公共问题的治理网络;③政府的使命主要是服务,并对社会参与进行引导和促进,而非驾驭或控制社会;④政府内部也不再是铁板一块,而是分级治理与有效协作的伙伴关系;⑤政府和公共部门的组织结构与运作模式更加开放、适应与灵活,治理工具更加复杂和多元;⑥促进民主化、社会化、竞争化、市场化、责任分担,以及发展交叉重叠的多重协作关系并完善相关知识、能力和技巧,已成为公共管理的主要内容。

二、中国政府行政模式转型探索

改革开放以来,我国先后在 1982 年、1988 年、1993 年、1998 年和 2000 年进行了 5 次大规模的政府机构改革,这种频繁程度在其他各国是少见的。尽管这几次改革都取得了一定的效果但其缺陷也是明显的,尤其前三次改革更是如此。精简—膨胀—再精简—再膨胀,合并—分开—再合并—再分开,上收—下放—再上收—再下放，这三个循环怪圈依然在一定程度上存在，严重影响了政府机构改革的成效。这其中当然有经济体制改革和经济发展的滞后制约行政改革方面的原因，但我们在行政改革过程中所持有的国家本位主义的观点，亦起到了推波助澜的作用。

国家本位主义的观点认为政府是社会公共利益的唯一代表者、组织者和推动者，政府的责任应当是不断追求"公益"和"善"，而且政府是理性以及没有"自利性"的实体，这使政府有足够的能力去实现这个目的。因此，在国家本位的行政改革模式中，政府处于完全的支配地位，它是神圣的和万能的，应该对社会进行全面的控制和管理。在这种观念的支配下，作为行政改革推动者的政权力量本身又是应当改革与发展的对象。实际情况也的确如此，我们所经历的机构改革均是一场作为社会改革的倡导者、组织者和领导者的各级政府对自身所进行的改革。在这种情况下，行政改革也只是权力在各级政府部门之间上下左右的移动，其管理职能和管理方式并没有根本的改变。

国家本位模式的行政改革不可避免地存在政府改革视角狭窄的问题。因为它纯粹从国家主导社会的角度来看问题，分析的焦点自然是行政组织，主张行政问题的解决依赖于行政组织内部的完善。一提起行政改革，便将其等同于机构改革,改革的视角落在机构、人员的调整上,如何裁并机构、如何精简人员、如何优化程序和内部机制、如何提高行政效率,等等。我们前三次的行政改革基本上都是在这一框架下进行的,1998年以来的改革虽然突出了政府职能定位的问题,但依然没有放弃国家本位的传统。例如,我们在1998年的机构改革中提出的目标是:建立办事高效、运转协调、行为规范的政府行政管理体系,完善国家公务员制度,建设高素质的专业化行政管理队伍,逐步建立适应社会主义市场经济体制的有中国特色的政府行政管理体制。这里虽然提出了适应社会主义市场的需要,但基本上还是依从了集权性的韦伯式官僚体制的基本准则,这种公共行政的传统虽不能完全抛弃,但如不赋予其新的内容和解释,是很难指导我们的行政改革实践的。我们虽然提出了"转变政府职能,实行政企分开和依法治国"的要求,它涉及政府职能的市场化、社会化和政府行为的法制化等基本问题,这是摆脱传统束缚的一个迹象,但我们没能把这种思想同公共行政的传统进行有机结合而形成一种行政改革实践的基本模式;2003年,我国将启动新一轮的政府机构改革,在强调精简、统一、效能原则的基础上,提出了行政机关内部三权分立的指导原则,即决策权、执行权和监督权相对分离、相辅相成和相对协调,从而彻底根除部门利益改变权力运作的传统规则;但进一步分析我们发现这一改革的设想也没有完全跳出内部理性化的总体思路,即强调行政机关内部的优化和行政管理活动的经济效率。然而,行政改革的核心之处在于调整政府与社会的关系,要还权力于社会,真正实现有能力、有效率的政府与充满生机和活力的社会的和谐与统一。

由此可见,国家本位的行政改革虽然客观上起到了优化政府结构、人员和职能的目的,这种改革始终缺乏主动性、自主性和前瞻性,缺少了行政发展的因素,因而头痛医头、脚痛医脚的状况亦无法最终得以改善。

第二章 新公共管理的突破——绩效管理

第一节 新公共管理运动的社会及理论渊源

从20世纪80年代开始,西方国家乃至全世界范围内兴起了公共行政改革的浪潮,新公共管理模式备受推崇,这并不是偶然的,而是有着深刻的社会背景和思想基础,它是时代变迁的结果。

一、新公共管理的社会背景

如上文所述,传统行政模式的主要特点有:权力集中,层级分明;官员照章办事、循规而行;官员行为标准化、非人格化;运用相对固定的行政程序来实现既定目标。这种被讽刺为"由天才设计来让白痴操作的体制"像是一部受到严格控制的机器,公务员只是机器齿轮中的齿,他们的工作分工细致,行为必须依照明确的规则和程序。在分工精细、任务简单、外部环境相对稳定的工业社会,科层制模式的公共行政符合需要。

但是,20世纪70年代之后,特别是80年代以来,西方社会乃至整个世界开始发生根本性的变化。20世纪70年代,哈佛大学教授丹尼尔·贝尔(Daniel Bell)出版了著作《后工业社会的来临》。随后,阿尔文·托夫勒(Alvin Toffler)、约翰·奈斯比特(John Naisbitt)等未来学家相继预告信息经济时代、知识社会、后资本主义的到来,说明一个新的时代正在取代过去的时代。

尽管这个新时代还没有一致公认的名称(现在有愈来愈多的人称之为知识经济时代),但它已表现出如下特征:技术革新迅速,新技术、新发明层出不穷,技术对经济和社会的影响明显增强,特别是信息技术的发展和应用正在深刻地改变着人类社会;经济全球化趋势越来越明显,一方面使各国之间联系更紧,相互依赖程度更高,另一方面也使各国之间的竞争日益激烈;世界形势更加复杂,变化速度更快;公众的价值观念多元化、需求多样化;民众素质提高,民主意识、参与意识增强。时代的变化对政府提出了新的要求:政府必须更加灵活,更加高效,具有较强的应变力和创造力,对公众的要求更具响应力,更多地使公众参与管理。与工业社会相适应的科层制比较僵化、迟钝,而且使行政机构的规模和公共预算总额产生最大化倾向,易于导致高成本、低效率的问题,显然难以满足这些要求,难以适应新时代的需要。时代的变迁呼唤着新的公共行政模式。西方各国在20世纪七八十年代普遍面临的问题直接促使他们采取措施,探索公共行政的新模式。一些带有共性的问题包括:政府开支过大造成经济停滞、财政危机严重,福利制度走入困境,政府部门工作效率低下,公众对政府的不满越来越强烈等。以英国为例,1979年撒切尔首相上台时,英国的国内生产总值出现负增长,通货膨胀率达10%,而且呈继续恶化的态势;公共收入停顿,而公共开支却在上涨;政府的花费占国内生产总值的44%,公众对政府的信任急剧下降。正是这些问题直接导致了西方各国政府相继走上大规模的公共行政改革之路,以寻求一种高效、高质量、低成本、应变力强、响应力强、有更健全的责任机制的新的公共行政模式。

二、新公共管理的理论渊源

当代西方国家的行政改革之所以转向被称为"新公共管理"的模式,除了是因为客观时代背景和社会有这种要求外,还有着深刻的思想基础。新公共管理这种新的模式是在几种思想理论的影响下形成的,包括:公共选择论、产权理论、新古典经济学理论、新制度经济学(即组织经济学)、博弈论等。其中,公共选择论、组织经济学中的代理理论和交易成本经济学理论的影响比较明显。

公共选择论又称理性选择论。它的一个核心论点就是认为人是理性的,都想使自己的效用最大化,因而人类的所有行为都是受自我利益支配的。据此推论,政府官员总是倾向于使其部门的预算最大化,而政治家总是寻求支持选票的最大化,就像企业家总想追求利润最大化一样。公共选择论对政治家主要关心的是社会福利、公共利益之类的说法表示怀疑,认为政治家们可能为了达到自己的目的而不惜牺牲选民的利益,利益集团会因为寻租行为而损害范围更大的社群,而政府官员会努力增加其部门预算进而获取越来越多的资源。其结果,政府会越来越膨胀,大大超过必要的规模,有势力的利益集团在国民收入的分配中会获得较大的份额,各种制度则会趋于僵化。这种观点必然导致下列主张:限制政府的作用和政府机构的职能,出售政府的商业性资产,政府各部不应集政策制定与政策执行于一身,限制既得利益者在政策制定中的作用,政府提供的所有服务应尽可能采用竞争机制,政府在提供补贴以及其他一些领域应增加透明度。

代理理论(Agency Theory)把社会生活和政治生活理解为一系列委托人一方与代理人一方发生交易的"合同"或协议关系。根据合同条款,代理人代表委托人完成各种任务,而委托人同意为此以一种双方均接受的方式付给代理人报酬。一开始，代理理论主要用于因企业所有权与经营控制权分离引发的问题，但人们很快就认识到，这种代理问题存在于一切组织之中，它是社会、经济、政治生活的一个根本特征。例如，雇主与雇员的关系、律师与当事人的关系、选民与政治家的关系，都体现了这种特征。像公共选择论一样，代理理论的基本假设之一是人是理性的，都追求自我利益和效用最大化。正因如此，代理人和委托人的利益容易发生冲突。特别是由于信息不完备、不对称（如代理人对委托人的情况比较了解，而委托人对代理人的情况所知有限），以及委托人难以对代理人的行为进行监察等原因，许多委托人与代理人之间的关系管理十分复杂。代理理论的重要内容之一就是如何确定最优的签订合同的形式，即找到谈判、说明和监督合同的最满意的方式，以防止合同双方特别是代理方寻机违背合同为己方谋利。因此，代理理论最关注的是代理人的选择以及对代理人的激励。代理理论对于西方公共行政改革的许多方面都产生了影响，如关于选择代理人的观点就影响到公共服务提供方的选择（私营部门或者政府）、政府的报酬制度（如根据产出而非投入评定绩效和付酬）、公共服务的制度安排（如是由政府内部机构提供还是承包出去）等方面。

交易成本经济学与代理理论有密切的联系，但两者关注的重点不同。代理理论关注的是代理人的选择和激励，而交易成本理论则主要关注开展各种交易的最优管理结构,特别是物品和服务的生产与交换的最佳组织方式,即对在不同的政府管理结构下,计划、调整以及监控任务完成情况的比较成本进行考察。交易成本理论同代理理论一样,也假定委托人和代理人即交易双方都会设法寻求自我利益最大化。双方能否谋取私利则取决于一系列的结构条件和环境因素,包括:不确定性程度(如缺乏完备的信息、组织绩效难以测量、对交易另一方的可靠性缺乏信心等);信息失衡状况;是否存在有限理性制约;交易双方是否拥有别人没有的或很难拥有的特异性资产以及这种资产的特异性程度;在某一领域是否存在少数议价的情况,即潜在的买方或卖方很少,因而在讨价还价时由于缺乏竞争而占有优势。这些条件和因素直接影响到哪些公共服务可以利用市场机制,而哪些领域的公共服务利用传统的等级制官方机构更好。具体地说,当提供服务者行为的不确定性低、所需的物品或服务的数量和质量易于衡量、潜在的供应商数量多时,将公共服务承包出去最好,如垃圾回收、卫生清扫、伙食供应之类的事务;而若条件相反,特别是当保持所供物品或服务的质量特别重要时,由政府内部机构提供则会更好,如国防、外交、警察等领域的事务。新公共管理在利用市场机制、承包公共服务、界定政府作用等方面,显然从上述理论观点中吸取了营养。

正是由于当代西方一些国家适应社会发展的要求，接受和吸收了上述多种思想和理论观点，才产生了新公共管理这一新的模式。到目前为止，新公共管理并没有一个严格界定的概念或统一明确的模式，它实际上是对20世纪80年代以来经济合作与发展组织的国家采取的公共行政改革一些新的信条和做法的一种统括。尽管这些信条和做法在各国之间并非完全一致，但仍有一些共同的目标和特征。

针对传统公共行政模式的弊端，新公共管理模式的直接目标包括：①提高公共部门的资源配置效率和工作效率；②增加政府实施的各种计划、项目的有效性；③通过职能转移缩小公共部门的规模，削减政府的预算开支；④改善公共部门提供的产品和服务的质量；⑤使公众更加容易获得公共服务，增强公共服务对公众需求的反应力；⑥增加行政行为的透明度，使不透明地行使公共权力的机会最小化；⑦完善公共机构的责任机制，使公共机构及其主管人员更好地对政务官和议会负责。

第二节　公共部门绩效管理——
　　　　一种新的管理工具

在新公共管理的改革方案中,每一个公共部门,乃至每一个管理者都要为管理承担责任并体现公共服务的结果,这一点与传统行政模式下的听命于上级、严格照章办事的行为已截然不同。现在,公共部门的领导者和管理者们比以往任何时候都更加关心对自己责任履行情况和结果的评价,以及如何改进自身的管理。因此,绩效管理作为一种新的管理工具,已成为新公共管理的重要内容。

所谓政府绩效,西方国家又称"公共生产力""国家生产力""公共组织绩效""政府业绩""政府作为"等,是指政府在社会管理中的业绩、效果、效益及其管理工作的效率和效能,是政府在行使其功能、实施其意志的过程中体现出的管理能力。而政府绩效管理则是运用科学的方法、标准和程序,对政府机关的业绩、成就和实际工作做出尽可能准确的评价,并在此基础上采取有效措施对政府绩效进行改善和提高。

一、政府绩效管理的基本构成要件

1. 绩效目标设置

这是政府绩效管理的首要环节,它要求政府或部门在全面分析其使命、职责和环境要素的基础上进行战略规划,设定清晰的、可测量的年度绩效计划和绩效目标,并据此制定反映年度绩效目标的绩效指标,从而使年度绩效目标和绩效指标紧密联系。只有这样,才能客观、准确地评估政府或部门的绩效水平和绩效进展情况。

2. 绩效预算

这是政府绩效管理的核心环节,它要求政府或部门在编制预算时提供上一财政年度的绩效结果并设定明确的绩效目标,财政部门以此作为预算拨款的依据。可以看出,绩效预算与传统预算拨款有一个重要区别,即预算拨款中必须列出可测量的绩效目标和上一财政年度的绩效结果。绩效预算既是保证绩效目标得以实现的财力后盾,也是激励政府或部门努力完成绩效目标的内在动力,是政府绩效管理的一个重要环节。

3. 绩效评估

在制定了明确的绩效目标和绩效指标并将它们融入政府

或部门的预算编制之后,在财政年度末期进行绩效评估就是顺理成章的事情了。从某种意义上说,绩效评估的结束正是绩效管理的开始,因为绩效评估所得出的绩效信息正是进行新一轮绩效目标设置和绩效拨款的依据。这就要求绩效评估必须按照科学的程序和标准进行,从而获得客观准确的绩效评估信息。

4. 绩效信息使用

绩效评估本身不是目的,其最终目的是获得客观的绩效评估信息,并依此改进管理、提高绩效。绩效评估信息的使用主要包括两个方面:①向政府相关部门、新闻媒体和公众公布绩效信息,接受社会监督,从而督促政府或部门提高绩效。因此,公开绩效评估的过程和结果是绩效管理的必然要求。②绩效评估信息为政府或部门修正绩效目标、改进政府管理、进行预算编制申请提供客观依据,这是绩效评估最为重要的功能。

政府绩效管理的核心与难点是建立科学、准确、有效的绩效评估体系。西方的绩效评估是个广义的概念,既有政府目标的要求也有行政过程的创新,包含分权、绩效测量与评价、顾客导向、市场机制、企业管理理念和技术、公共责任、学习型组织、创新、适应环境能力等内容,它往往更注重操作性、客观性和结果导向。简言之,政府的高绩效包含效能、效率、成本和责任。篇幅所限,本书的焦点将放在政府绩效评估上。

二、政府绩效管理体系的主要流程

政府绩效管理体系的主要流程具体包括目标形成、指标建立、过程管理、察访核验、考核评价以及结果运用等六大关键性机制流程。

1. 目标形成机制

这是考验政府绩效管理能否取得成效的关键环节。针对如何确定目标,须从三个方面进行考虑:第一,明确哪些工作应纳入绩效管理;第二,清晰界定目标标准;第三,科学设定目标值。

2. 指标建立机制

目标形成之后,具体执行要靠指标。一个完整的指标,不仅包含一级、二级、三级或四级指标等各个层级的指标名称,还包括权重、评分标准、考评主体、分管领导、责任部门等指标要素。指标实际上是把政府从决策到执行的过程做了一个规范和清晰化的表述,实现了从决策到执行的上下对接。指标的建立实现了目标的指标化和责任化,实现了指标的数据化,最终在上下之间达成共识。

3. 过程管理机制

在过程管理中，每个部门的指标对应的工作开展情况需要有依据。这里的依据可以是台账，也可以是平时的记录。在过程管理中，有了台账，有了数据，才可以实现过程的可视化，才能看出那些重要的工作部署从全局的角度来看开展得怎么样。数据的信息能为将来的决策提供依据。在过程管理中，要重点把握以下三个方面的工作。

（1）抓好数据采集关口。考评结果的准确性，需要每一个指标清晰的数据来源、依据，明确的数据采集单位，健全的数据采集体系等。

（2）抓好整合督查。现在很多工作往往由不同的部门来分管，有牵头部门、有协办部门，还有监督的部门。要把过程管理做好，就要把现有的这些、督查机构整合起来，发挥整体效应。

（3）强化过程纠偏，要建立每个环节、每周、每月、每季度的信息反馈机制，为决策提供依据，随时开展纠偏。

4. 察访核验机制

察访核验是指通过采取现场调查、访谈、勘验、实地取证等方式，掌握绩效指标的实际完成情况，核验考评对象相关绩效指标得分的真实性、准确性，从而确保年度考评过程求真务实、结果客观公正的工作机制。察访核验是确保考评数据准确性和考评结果公正性的有效机制,也是地方政府绩效管理公信力的重要保障,是政府开展绩效管理的必备环节。在实际工作中,察访核验应着重做好三个方面的工作:①建立数据采集标准,针对不同类型的数据来源建立标准化的采集体系;②建立察访核验的规范,制度化、结构化地开展察访核验工作;③对察访核验过程中发现的问题要加强问责,强化惩罚力度,确保整个数据的准确性。

5. 考核评价机制

考核评价是政府绩效管理的核心环节,也是地方政府绩效管理实践过程中出现问题最多的环节。由于政府目标的多元性,政府绩效管理强调构建多元主体的综合考评机制。

(1) 要做好绩效责任单位的自评工作。要确保自评的表单化、标准化,确保每个评价都有依据,确保针对工作完成及未完成情况有深入的分析。

(2) 要做好考评组针对指标的考评工作。对定量指标,要通过规范的数据采集,明确考评结果;对于定性的指标,要通过过程管理中积累的"痕迹"请各类考核主体"看着业绩做评价"。

(3) 开展民主评议和领导评价。在此基础上,还要逐步开展群众满意度测评,将"群众满意不满意"作为政府部门及公务员开展工作的标准。

6. 结果运用机制

绩效考评结果运用是地方政府绩效管理工作持续改进的基础,既代表前一考评阶段的结束,又开启了新的考评周期。概括来讲,地方政府绩效考评结果运用的主要渠道方式和功能意义有如下方面:作为考评对象不断改进提升工作、制定下一年度绩效目标的依据;作为财政预算调整、优化资金配置及其他修正相关决策、制定政策措施的依据;与领导班子和领导干部的考评结合,作为评价班子、干部工作实绩的依据,并进一步作为干部选拔任用和行政问责的依据;与公务员评先评优结合,作为公务员奖惩激励的依据,并作为公务员职业成长和能力提升的导航;与政府职能、编制管理结合,作为明晰部门职责、调整机构编制的依据。

三、政府绩效管理体系的保障机制

为了确保政府绩效管理机制能够正常运转、发挥实效,地方政府需要从以下三个方面建立长效保障机制。

(一)组织保障

组织保障是地方政府绩效管理工作开展的首要保障。

1. 建立机构体系

机构体系包括领导机构、执行机构和协助机构。领导机构需确定由谁来牵头，由哪些部门、什么级别的领导参加。执行机构主要是指绩效管理办公室绩效办，执行机构的能力和水平直接决定了绩效管理这项工作在整个地方政府系统的推进效果。在领导机构和执行机构的基础上，还需要有配套的协助机构，承担本部门的目标分解、指标建立、过程管理和考核评价等相关工作。

2. 确定绩效办职能定位

一般来讲，绩效办的职能包括：绩效管理工作的组织者，绩效管理工作标准的制定者，绩效管理工作质量的检查者，绩效管理理念的推动者。

3. 确定绩效管理相关机构的级别和序列

领导机构和绩效办应该具有足够高的级别和权限，绩效办的负责人需要具有与其他委办局和考评对象"一把手"相对等的职务级别，否则绩效管理工作的推进将面临非常大的阻力。政府绩效管理在国内的开展还是一个比较新的工作，相关的编制、岗位、职级序列还很不健全，必然会大大影响绩效管理从业人员的工作积极性。地方政府在开展绩效管理过程中，也要为绩效管理从业人员构建明确的职业上升通道，建立相应的职业发展序列,有效解决绩效管理从业人员的提拔晋升问题。

(二) 制度保障

制度体系是地方政府建立绩效管理机制的有效载体和保障,是确保绩效管理工作常态化、规范化、长久化的必备基础。地方政府绩效管理需要建立两大类制度规范体系:一类是需要建立绩效管理基本制度体系,根据绩效管理的六大环节,分别建立目标分解、指标建立、过程督查、察访核验考核评价、结果运用等相关制度;另一类是需要建立一系列配套的管理规范和规则,包括绩效指标设计标准规范、绩效考评结果反馈规定、绩效整改管理规定等系统配套的管理体系。通过上述两个层次的制度建设,促进地方政府形成绩效管理相关制度体系。通过制度和规范的建设,使地方政府绩效管理工作逐步制度化,使绩效管理的成果能够固化下来,创新的成果得以沉淀。

(三) 技术保障

绩效管理体系的构建是一场管理变革,涉及政府内部与外部、上级与下级等多个层面、多个维度的管理主体,需要进行有机整合;对政府管理过程中产生的各种任务流、数据流、资金流都需要进行有效的监管,而且在政府工作开展过程中需要对这些数据资源进行有机整合、统筹分析,从而为政府管理提供决策支持;绩效指标的建立需要专业的技术手段,过程监管需要专业的工具方法,数据的采集需要专门的设备与平台,考核评价需要高效准确的运算工具。可见绩效管理是一门涉及行政学、管理学、经济学、财政学、计算机科学等多个学科的综合学问。在有坚实理论体系的基础上,还需要有高效科学的技术保障,如现代管理方法和信息科技手段,一方面,确保绩效管理全链条的科学化;另一方面,通过绩效管理信息化构建一套绩效管理的流程和标准,促进地方政府的各个部门、下属单位在统一规范的体系下运行。

四、政府绩效评估与绩效管理的区别与联系

绩效评估是人力资源管理中最具争议也最为重要的一个关键环节。一方面,它是员工从上级获得绩效反馈的唯一正式的渠道;另一方面,主管人员评价下属的工作绩效并据此做出确定薪酬、职位转换等各种人事管理决定,即以评估结果作为各种人力资源管理决策的依据。

绩效评估的作用之一就是帮助管理者获得绩效情况的真实信息并据此做出有关的决策。但是,一些组织并不满足于此,而是进一步扩展了绩效管理的目的。在这里,绩效评估成为以实现组织目标为目的的绩效管理过程中的一个重要环

节。除了单纯的评估目的外,这些组织通过绩效管理系统帮助下属雇员管理他们的绩效,提高他们的工作能力,开发他们的潜能,从而实现组织的目标。

(一)绩效评估与绩效管理的主要区别

尽管政府绩效评估与绩效管理之间存在着十分紧密的联系,我们却不能把政府绩效评估等同于绩效管理。绩效管理绝不仅仅是绩效评估,两者存在着区别。如果可以将绩效评估的目标表述为让人们用正确的方式做事,那么我们可以将绩效管理的目标表述为让人们用正确的方式去做正确的事。绩效评估与绩效管理的主要区别在于以下两个方面。

(1)绩效管理是一个完整的管理过程,而绩效评估只是管理过程中的局部环节和手段。成功的政府绩效评估不仅取决于评估本身,而且在很大程度上取决于与绩效评估相关联的整个政府绩效管理过程。绩效管理过程一般包括三个最基本的功能活动:绩效评估、绩效衡量和绩效追踪。

绩效管理是收集绩效信息,进行绩效衡量,设计与执行有效管理,推动绩效不断持续改进的整体活动和过程。可见,绩效管理伴随着管理活动的全过程,而绩效评估只出现在特定的时期。绩效管理不仅强调绩效的结果,而且注重达成绩效目标的过程。因此,绩效管理不是简单地要求政务公务人员填写一张考核表并做出优秀、称职或不称职的评价,它更强调通过控制整个绩效周期中工作人员的绩效状况来达到绩效管理的目的。这要求绩效管理成为一个管理的循环,这个循环包括绩效计划、绩效实施与管理、绩效评估与绩效反馈面谈。

(2)绩效管理侧重于信息沟通和过程控制,绩效评估侧重于对考评结果的单项判断。绩效管理的特点是管理者与被管理者通过双向沟通与交流,鼓励工作人员积极参与绩效反馈过程,促进双方对绩效的共同认定并加以改进,因此绩效管理的效果取决于管理者与下属的双向沟通:有效的沟通对消除下属与管理者之间的隔阂,消除工作执行者的防卫心理、抵触情绪,考评成果的反馈,塑造政府人员的正确行为导向等方面都具有积极作用。要知道,"在绩效管理中,管理者与员工之间持续的绩效沟通才是真正决定绩效管理成败的关键所在。"具体地讲,绩效评估与绩效管理的主要区别如表2-1所示。

表 2-1 绩效评估与绩效管理的区别

绩效评估	绩效管理
单向判断式	双向沟通式
结果	结果与过程
人力资源程序	管理程序
关注过去绩效	关注未来的绩效
只出现在特定的时期	伴随着管理活动的全过程

(二) 绩效评估与绩效管理的联系

绩效评估只是绩效管理这个工具箱里的一件工具,绩效管理不能离开绩效评估,同时绩效评估也应该与绩效管理的其他方面密切联系。我们必须将绩效评估纳入绩效管理制度中,才能对绩效进行有效的监控和管理,从而有效改进绩效管理,实现绩效管理的目标。

以政府绩效评估为重点来进行政府绩效管理,对提高政府绩效具有重要的作用和意义,这主要表现在如下三个方面。

(1) 绩效评估具有计划辅助功能。管理计划和具体目标的测定要参照多方面的信息,其中之一是有关部门前一阶段的绩效状况。绩效评估满足了这方面的信息需求,某一阶段的绩效评估结果有助于确定下一阶段的指标,并据此合理配置资源。科学的目标制定有利于提高政府的绩效。

(2) 当行政管理工作走出计划而进入实施阶段后,绩效评估所拟定的绩效标准及据此收集的系统资料,为计划执行的监控提供了一个重要的、现成的信息来源。这有利于对计划的执行情况进行严密的监测,如果发现了背离计划的情况,可以及时预测出可能后果并采取相应的控制措施。

(3) 绩效评估可以为决策提供引导作用,从而有效避免资源的浪费。在缺乏关于绩效的客观资料的情况下，资源配置的决定大都是根据政治上的考虑做出的：当领导人决定加强某个领域的工作并增加预算时，往往不知道应把新增加的资金投向何处；而当他们在削减预算时，又不知道削减的是"肌肉"还是"脂肪"。

总之，政府绩效评估有助于在组织内部形成浓厚的绩效意识，起到激励作用，从而使提高绩效的努力贯穿行政管理活动的各个环节。

五、政府绩效评估的特点及发展趋势

研究 20 世纪 70 年代以来新公共管理下的绩效评估在发达市场经济国家的发展，可以总结出这一时期的绩效评估存在以下四个特点。

1. 政府绩效评估是一种以结果为本的控制

传统公共行政由于其官僚制特征，评估多注重过程和规则，很少衡量结果，也就很少取得效果。政府绩效评估作为改革与完善公共部门内部管理的措施，体现了放松规制和市场化的改革取向，是一种以结果为本的控制。

英国从 1986 年开始，对各部门服务的质量和客观社会效果开始重视。比如，1983 年，在总计 721 个评估指标中，效益性和服务质量评估指标分别是 7 个和 15 个;到 1989 年,在 2 327 个评估指标中,分别是 556 个和 110 个,大大提高了效益和服务质量方面的评估比重,效益指标排第一。1993 年美国《国家绩效评估》把政府绩效界定为政府官员对结果负责,而不仅仅是对过程负责,其目的在于把公务员从繁文缛节和过度规则中解脱出来,发挥其积极性和主动性,而不再仅仅对规则负责。

因此,政府绩效评估以结果为本,就是要建立一种新的公共责任机制:既要放松具体的规则,又要谋求结果的实现;既要增强公务员的自主性,又要保证公务员对顾客(民众)负责;既要提高效率,又要保证效能。

2. 政府绩效评估是一种服务和顾客至上的管理机制

由于新公共管理的市场化的取向,新公共管理下的政府绩效评估直接指向政府应具有的职能,这决定了政府绩效评估必然有重新塑造政府角色和界定政府职能的功能。新公共管理强调以市场和顾客为导向,这就促使政府绩效评估以顾客(即公众)满意为标准,体现服务和顾客至上的市场化管理理念。因此政府绩效评估强调必须以顾客(即公众)为中心,以公众的需要为导向。为此,倾听公众的声音、按照顾客的要求提供服务、让公众做出选择等有效方法在实践中得以实行。

"回应性国家"的概念于20世纪80年代初在丹麦等国家开始流行起来。1993年美国总统克林顿签署了《设立顾客服务标准》的第12862号行政命令,责令联邦政府部门制定顾客服务标准,要求政府部门为顾客提供选择公共服务的资源和选择服务供给的手段。1994年美国国家绩效评论委员会专门出版了《顾客至上:为美国人民服务的标准》。因此,政府绩效评估为改善政府公共部门与公众的关系、加强公众对政府信任、实现"更有回应性、更有责任心和更富有效率"的政府改革目标提供了具体措施。

3. 绩效评估的主体多元化

新公共管理下绩效评估的另一个特点是在评估过程中有公民和服务对象的广泛参与,由单纯的政府机关内部的评估发展到社会机构进行评估。美国民间机构锡拉丘兹大学坎贝尔研究所自1998年起与美国《政府管理》杂志合作,每年对各州或者市的政府绩效进行评估,并发布评估报告,引起了政府和民众的广泛关注。一些州政府在对其部门年终业绩进行评估时,也往往请专门的社会评估机构参与其中。另外,不管是民间机构或是政府机构评估时,都将公众满意度作为政府绩效评估的终极标准。20世纪90年代以来,有关服务质量和顾客满意度的指标在评估指标体系中的比重大幅度增长,加拿大等国家还进行大范围的政府顾客满意度调查,将提升公众的满意度作为政府绩效的目标。

4. 政府绩效评估正逐步形成制度化、规范化和科学化的特点和趋势

政府绩效评估制度化,表现在两个方面:一方面绩效评估成为政府机构的法定要求。1993年7月美国颁布的《政府绩效和结果法》规定,"每个机构应提交年度绩效规划和报告",财政预算与政府绩效挂钩;英国1997年颁布的《地方政府法》也规定,地方政府必须实行最佳绩效评价制度,各部门每年都要进行绩效评估工作,要有专门的机构和人员及固定的程序;日本也于2002年出台了《政府政策评价法》。另一方面,绩效评估机构逐渐建立和健全。比如,在英国,审计办公室负责中央政府机构的绩效评估,审计委员会负责地方政府的绩效评估;在美国,联邦政府的管理与预算局审批各部的年度绩效计划,总审计署自主选择项目或活动,独立对政府机构进行绩效评估,并向国会和公众公布评估结果。政府绩效评估规范化,主要表现在政府绩效评估的内容规范化、程序规范化和评估结果利用的规范化。政府绩效评估科学化,主要表现在评估技术不断成熟,信息技术、量化技术得到广泛的应用,针对不同部门采用不同的评估方式和方法。

第三节　西方国家政府绩效评估实践

一、美国政府绩效评估体系

政府绩效评估必须有一个制度化的保障才能持续有效地运行。在历届联邦政府中,绩效评估并没有一个统一的制度化框架,每届政府上台都会推行贴有特殊标签的绩效评估政策,正因为如此,20世纪90年代之前的联邦政府绩效评估并没有取得很大进展。《政府绩效与结果法案》(1993)是联邦政府绩效评估历史上的首部法律,它的出台具有里程碑式的意义,其最重要的贡献就是为结果导向的绩效评估奠定了永久性的法律框架,为联邦各部门和国会提供了连续使用此框架的可能性。这也是当代美国联邦政府绩效评估不同于往届政府绩效评估的一个关键特征,这部法案以法律的形式,要求联邦各部门都必须制定长期战略规划、年度绩效计划和年度绩效报告,确立了联邦政府绩效评估的制度化框架。

(一) 长期战略规划

《政府绩效与结果法案》要求所有联邦部门必须在1997年

9月30日之前向联邦管理与预算局(Office of Management and Budget，OMB)提交部门或项目活动的5年战略规划，主要内容包括：全面陈述部门使命，包括部门职能和运作；部门职能和运作的基本目的和目标，包括与结果相关的目的和目标；描述如何实现目的和目标，包括达成这些目的和目标所需要的管理过程、技能和技术、人员、资源、信息或其他资源；详细描述如何把绩效目标与战略规划中的根本目的和目标联系在一起；辨认对绩效目标可能产生重要影响的主要外部因素和不可控因素；对确立或修改基本目的和目标过程中所使用的项目评估进行描述，包括未来项目评估的日程安排。

战略规划是联邦政府制定绩效计划和绩效目标的依据，战略规划确立了部门使命和长期战略目标，包括实现这些目标所需的人力、物力和财力。清晰的战略规划有利于部门采取一致行动来实现绩效目标，并最大限度地降低高层领导的频繁变动所带来的不利影响——这一点在联邦政府尤为重要，因为政务官和高级行政人员的变动非常频繁。战略规划保证了，即使政府更迭而带来了政治哲学的变化，部门或项目的使命和长期规划一般也不会发生很大的变化。即使有些时候实现这些战略目标的优先性、方法和途径会发生变化，长期目标本身一般也不会发生改变。

(二) 年度绩效计划

《政府绩效与结果法案》要求所有联邦部门必须在其部门预算中制定年度绩效计划,该绩效计划应覆盖部门所有项目活动。年度绩效计划的主要内容应包括:确立绩效目标,界定每个项目活动所应达到的绩效水平;以客观的、量化的和可测量的形式描述绩效目标,除非被允许以其他形式描述绩效目标;简要描述实现绩效目标所需要的运作过程、技能和技术、人员、资源、信息或其他资源;建立绩效评估指标,测量或评估每个项目活动的产出、服务水平和结果;建立一个能把项目运行的实际结果与预期绩效目标进行比较的平台;描述用来检验和论证绩效评估之价值的方法。

年度绩效计划应确立明确的绩效目标,不仅包括部门提供公共产品或服务的数量目标,而且包括公共产品或服务的质量目标。年度绩效目标应当尽量具体化,它们是部门日常运作的推动器,其最终目的是实现部门的长期战略规划和战略目标。同样重要的是,年度绩效计划中应清楚地体现出实现绩效目标所需要的资源。然而,并非所有的联邦部门都能制定出明确的绩效目标,对于一些直接提供公共产品或服务的部门来说,制定可测量的绩效目标相对比较容易,而对其他部门来说,很难制定可量化的绩效目标,如国防和外交等部门。管理者在制定绩效目标时应非常谨慎，避免制定出无法对其进行评估的绩效目标。

(三) 年度绩效报告

《政府绩效与结果法案》规定，联邦各部门都应该在每个财政年度末期向总统和国会提交前一财政年度的绩效报告。每份绩效报告至少应该包括以下内容：对绩效目标的实现程度做出评价；根据已经取得的绩效，来评价当前财政年度的绩效计划；解释和描述绩效目标未能实现的原因；描述绩效目标实现过程中的有效性；总结项目评估过程中的经验教训。

年度绩效报告是管理者、政策制定者和公众对政府实际取得的成绩及所耗费资源的反馈，也是预期绩效目标实现程度的总结。比较理想的状态是，每个部门都应建立及时掌握这种绩效信息的常规化制度，即使不能如此，最低限度的要求是每个部门都应当对绩效目标的实现情况进行年度总结和报告。在当前情况下，联邦各部门因内部管理和控制的需要而收集的绩效信息远远多于年度绩效报告所涵盖的绩效信息。绩效评估的内容有时也会发生变化，但这种情况不应当经常出现，否则就很难确定部门或项目的绩效趋向，对于管理和决策者来说，绩效趋向信息是最有价值的信息。

《政府绩效与结果法案》还要求联邦各部门在年度绩效报

告中对没有实现的绩效目标提供解释性信息,通常包括绩效目标本身不合理、不可抗力的出现或管理不当等因素,并提供相应的对策建议,不同的解释性信息会导致管理者、高层官员和国会的不同反应。该法案还要求年度绩效报告把绩效评估信息与评估过程中发现的新情况结合起来,以便为部门绩效的进步和下一步的工作提供一个清晰的蓝图。

(四) 联邦政府绩效评估层级

1. 项目绩效评估

项目绩效评估是由联邦管理与预算局对选定的联邦项目进行的比较评估。项目绩效评估在当代联邦政府绩效评估体系中具有非常重要的地位,因为联邦政府的所有职能都是通过各部门来执行,而部门职能又主要是通过1 200多个不同类型的项目来具体实现;更重要的是,联邦政府的大部分预算都用在这些名目繁多的项目上。在2004财政年度的联邦预算中,联邦政府预算总额是2.229万亿美元,其中有近2万亿美元用在各类联邦项目上。这些联邦项目的绩效水平直接关系到联邦政府绩效水平的进步和管理改革的成败,因此对联邦项目进行评估就具有非常重要的意义。

项目层次的绩效评估主要是通过项目等级评估工具来进行,它是由总统委员会(the President's Committee)和联邦管理与预算局在 2002 年共同制定的一套项目绩效评估技术。项目等级评估工具主要用来进行跨部门的项目绩效评估,它首先对单个项目进行评估并计算出单个项目的等级得分,然后把单个项目的等级得分以比较的形式制作成等级评分卡,从而在联邦政府范围内形成跨部门的项目绩效比较,鞭策低绩效项目、鼓励高绩效项目,并最终促进联邦项目整体绩效水平的提高。

2. 部门绩效评估

部门绩效评估是由联邦各部门对本财政年度部门绩效目标的实现情况进行自我评估,并将评估结果向总统、国会和公众报告,以接受广泛的社会监督。部门绩效评估是各部门发现问题、诊断问题、解决问题和改进管理的重要手段,也是国会进行预算资源分配的重要依据。目前,联邦政府 24 个部门在每个财政年度末期都要进行部门绩效评估并发布绩效与责任报告。部门绩效评估绝不是简单地使用绩效标准和指标对部门绩效结果进行评估,而是需要建立一套完善的绩效评估制度,它主要由三个部分构成:结果导向的战略规划、年度绩效计划与绩效目标、年度绩效与责任报告。

3. 跨部门绩效评估

为了解决联邦政府各部门普遍面临的管理问题,布什政府于2002年发布了总统管理日志,确立了五项改革措施,即战略性人力资源管理、竞争性资源管理、提高财政管理绩效、推广电子政务和预算与绩效的融合,并要求联邦各部门都必须执行。因此,跨部门绩效评估是指在项目绩效评估和部门绩效评估的基础上,由联邦管理与预算局统一对联邦各部门执行总统改革计划的进展状况进行比较评估。

二、英国政府绩效评估体系

(一)英国政府绩效评估制度框架

目前的英国政府绩效评估制度框架为公共服务协议(Public Service Agreements,PSAs)体系,到目前为止已经经历了5次修改。

1998年这一体系的目的是考查所有部门的全部目标的实现结果。但全面覆盖是实现了,全部目标却没有实现。如果按照笼统的标准来算,那么在1999—2002年间大约有400个协议最终得到了签订。在这些协议中只有15%的协议是针对结果的,另外有27%的协议包括了产出,51%的协议包括了过程,7%的协议包括了投入。总体来说,最初的PSAs是有很多漏洞的,这也是由于整个系统刚刚起步,还不够成熟。

第二版的PSAs发布于2000年,这一版大大减少了协议数量而更加关注考查结果,这主要是因为许多运营的指标被剔除出了PSAs。而且有了第一轮的有益经验,从2000年开始有更多的时间来完成协议的优化。这一轮的PSAs中同时还引进了很多跨部门的指标,如至少两个部门需要在养老服务中合作以达到合意的结果。

这一版本的PSAs结构如下:

(1)使命:精炼描述部门角色精炼描述的一句话;

(2)目标:在所有的部门工作领域中都制定高水平的目标;

(3)绩效计划:以考查结果的方式检验目标的完成情况;

(4)创造价值;

(5)责任声明。

第三版PSAs把绩效协议减少到了130个,然而其他方面并没有什么重要改进。有一个小的创新点在于:政府要请国家审计办公室来检验PSAs的数据系统。这一版的绩效协议废除了服务提交协议——这是因为很早就有人建议减少绩效指标的数量以使部长们获得更多的灵活性来达到最终的目标。

对于PSAs来说最大的变化来自2007年。PSAs的性质发生了很大的变化:在此之前的版本中只有不到20%的指标是跨部门的,而从 2007 年的版本开始全部指标都已经变成跨部门的了,而且整体指标数量也已经减少到了 30 个。

更少的 PSAs 意味着很有必要更加清楚地界定责任主体。所以每个 PSA 都包含一个"提交协议"来对它进行分解。然而整个绩效考核体系却并没有变得简单,这是因为有了一种新的绩效考核目标:部门战略目标(Departmental Strategic Objectives,DSOs)。顾名思义,这些目标就是为了覆盖由于 PSA 减少而缺失的部门关键任务。

所以,PSAs 的性质已经从根本上改变了。从前的 PSAs 主要是财政部门和执行部门之间的"半协议",使财政资金能够得到运用。但 2007 年的 PSAs 已经变成了部门之间共同的绩效目标,从前的"半协议"职能已经被挪到 DSOs 中去了。从目前来看 DSOs 将在多大程度上取代从前的 PSAs 成为财政部门和执行部门之间的"半协议"还是一个未知数。

(二) 英国政府绩效评估权责体系

很明显的是,在一个绩效评估系统中,政府的不同部门都对公共机构有一定的影响力,要么是为公共机构订立目标,要么是监督他们为自己的绩效表现负责。其他一些主体,如审计、监察和专业团体等,都在这个系统中享有一定的权利。

1. 整体格局

绩效评估系统的权力制衡当然反映了更为上层的政府权力结构,英国的绩效评估系统的整体格局有四个特点。

(1) 与其他发达国家相比,英国政府的执行机构(内阁和公共服务部门)有很大的自由行使的管理权力。因此他们既能够通过管理手段制定绩效报告要求,又能通过立法手段获取制定绩效目标或指标的权力。而且由于英国高度集权,所以这些权利延伸到了大部分的国家和地方的公共服务。然而,中央政府并没有选择总是行驶所有的权力而是常常让第三方机构代理。

(2) 政府议会在授权和检查财政开支方面相对权利较小,因此很自然地它也没有涉足绩效考核的各个方面。

(3) 英国最特别的地方在于,英国政府系统地建立了第三方的审计和检查机构来为它代理行使绩效管理的部分权力。比如,审计委员会就在1992年被赋予了为地方政府设立、收集和分析绩效指标的权力。

(4) 政府机构的法律分支不愿意干涉行政决定,尽管近些年来这一状况有所变化,法律干涉的程度依然很低。

2. 执行核心

绩效评估体系的核心执行单位包括:首相办公室、内阁办公室和财政部。前两个主体之间的关系是模糊的,但这两个主体与财政部的关系却是明晰的。与其他发达国家不同的是,英国的财政部与首相相对独立,是一个综合了财政和经济的部门。

(1)财政部。财政部在英国政府中占有较强的地位,由于公共服务协议的诞生,这种地位更得到了巩固。

财政部通过预算这个途径一直对各部门的政策花销选择施加影响。它能够同意或者否决不同的开支计划进而影响政策选择,而它通过选择更偏中期的开支计划并对开支计划附加报告要求,显著地增加了自己的影响力。尽管财政部与花销部门之间的讨价还价与旧体制相比没什么区别,但财政部的权力在新的系统下明显加强了。

不太明确的是财政部是如何运用各部门的绩效报告中的信息的。通常认为财政部会运用这些信息来和各部门协商未来的资源分配,然而现实中并没有这样的案例可循。财政部也没有运用PSAs中的信息来制作他们自己的分析报告。在先前的改革中——如创建公共服务的执行机构——新部门的绩效分析是由内阁办公室提供的。

仅有的针对整个政府的绩效评估报告是三份1998—2000年之间发布的年度报告。这些文件通过书店和其他出口流向大众。然而,这些报告并没有系统性地报告PSAs数据，而是以 1997 年竞选宣言中的政策承诺为组织框架。之所以如此的部分原因是这些报告大部分都发布于 PSAs 数据可得之前。

由于不知道 PSAs 中的绩效数据如何影响了政府决策，我们对于新系统的运行规则缺乏了解。然而，一些绩效数据确实通过其他途径得到了运用——特别是在特定领域中分析并改善公共服务，这是通过首相的提交单元完成的。

（2）首相的提交单元。首相的提交单元（Prime Minister's Delivery Unit，PMDU）在 2002 年成立，正如名字所显示的那样，它是首相政府的一部分，后来它被转移到了财政部之中。因此，某种程度上它是介于首相政府和财政部之间的一种传导机制。

PMDU 的最初设想是分析四个主要政策领域产生的结果——健康、教育、打击犯罪和交通——并以此来检验 PSAs 中的目标是否实现以及帮助各部门提高服务质量。

PMDU 很显然充分运用了各部门收集的、国家统计局公布的以及通过其他渠道得来的绩效数据，并且在 2004 年，PMDU 也参与到了 PSA 目标的制定过程中。

（3）内阁办公室。很明显，首相在英国政府中是发言人的位置，但同时也不能忽略其他大臣在内阁系统中可以自由行使的权力。尽管首相有大臣的终极任免权，但这一权力通常要受到不同立法、政治和实际情况的限制。不同主体之间的权力平衡也要受到不断变化的不同因素的影响。

涉及绩效评估时，内阁办公室和财政部之间的力量平衡是微妙的。这种略微紧张的关系导致新的绩效报告和管理系统在实际运行中产生了问题：①它要负责整个绩效策略的形成，正如下面要介绍的战略部门所做的那样；②它要考虑如何科学有效地制定政策——也就是在明确了怎样的政策有效的基础上制定；③它要考虑如何呈现各部门的绩效表现，正如上面的 PMDU 所做的那样。

（4）战略部门。战略部门在 2001 年成立，成立时把两个现存部门合并了，分别是发展战略部和绩效评估创新部。它的主要任务在于发现部门界限之间的、有长期威胁的和需要复杂分析的重大问题。

它对于绩效评估系统最大的贡献在于开支审查和预算计划上，并且帮助政府设定了优先级。它在形成 PSAs 绩效目标的时候也起了非常关键的作用。

（5）政府社会研究服务。政府社会研究服务（GSRS）的创办开始于对政策评估的重视和资源倾斜。与 PMDU 和战略部门不同的是，GSRS 不是一个中央部门而是一个分散的专家网络。这一服务在包含事前和事后绩效评估的"证据引导型政策"的完善中起了重要作用。

三、澳大利亚政府绩效评估体系

(一)联邦政府绩效评估制度框架

现行的澳大利亚政府绩效评估系统中,总理与内阁大臣部(Department of the Prime Minister and Cabinet Portfolio,DPMC)下设的中央机构澳大利亚公共服务委员会(Australian Public Service Commission,APSC)主导澳大利亚公共服务(Australian Public Service,APS)的评价和报告。APS范围广泛,涉及社会保障、教育、医疗卫生服务体系等,还兼有保护生态环境以及为政府制定和实施政策提供建议等职责。APSC是APS的核心机构,领导其他APS机构共同为政府提供公共服务和公务员管理方面的报告和建议。

独立于澳大利亚联邦政府的生产力委员会(Productivity Commission,PC)则主要负责政府行为和决策的研究评价工作,向民众公布政府工作的绩效评估结果,同时还协调其他机构和部门开展单项政策评价实践工作,如财政政策评价、环境政策评价以及重大科技计划评价。这些评价实践都受到相关规制或法律的支持和保护,如过去的《财务管理改进计划》及《项目管理及预算》,现行的《审计法》等。

在澳大利亚政府理事会(Council of Australian Governments,

COAG)的主导下,澳大利亚未来有望逐步建构起整合各州资源与经验,全国统一的政府绩效评估系统。国内已经有学者介绍过PC下设的澳大利亚政府服务评价筹划指导委员会(Steering Committee for the Review of Government Service Provision,SCRGSP)和以新南威尔士州为例的地方政府绩效评估体系,本书将介绍澳大利亚现行的APS和PC政府绩效评估模式。

澳大利亚公共服务委员会(APSC)致力于支持APS实现最优公共管理实践,向澳大利亚社会提供更有效率的公共服务,并确保APS能够满足社会和政府不断变化的需求。《公共服务法案1999》规定了委员会的法定职责,常设两个法定职位:机构负责人公共服务委员长(Public Service Commissioner),以及权益保障委员(Merit Protection Commissioner),各自职责分别在《公共服务法案1999》第41(1)款及第50(1)款中做了规定。委员长负责向在总理与内阁大臣部工作的主管参议员(以及分管内阁日常事务工作的内阁大臣)报告工作。

APSC的使命还包括:评估某机构在何种程度上结合并坚持了APS的价值观;推行APS价值观和行为准则;发展、推广、审查和评价APS的人力资源政策和实践;促进整个APS的人事管理不断改进;协调和支持APS的各种培训和职业拓展;支持并推动APS的领导地位;根据其他机构要求,为其提供公共服务事务的咨询援助；为权益保障委员展开独立的外部评审活动提供支持。

2009年3月之前，APSC的基本结构如图2-1所示，公共服务委员长、常务副委员长和权益保护委员三个职位构成委员会的行政领导。下设六个职能部门，负责委员会日常工作，向分管领导报告。常务副委员长负责改善执行股、方案股、评审股与政策股的日常监督管理。权益保护委员除法定职责外，还对合作股、区域服务股直接负责。自2009年3月31日起，APSC开始采用新的组织结构，如图2-2所示，在保留现有各职能部门的基础上增设伦理股，以回应政府关于伦理道德和诚信的议程。

图2-1　改革前APSC的基本结构

图 2-2 改革后 APSC 的基本结构

2009年9月两个新领导机构的设立是APS改革的核心。其一是秘书局(Secretaries Board),作为新设立的各机构领导人论坛。秘书局由总理和内阁部部长担任主席,成员包括各公共服务部门领导和APS委员长,替代了曾经的管理咨询委员会(Management Advisory Committee)和秘书长整合会议(Portfolio Secretaries meeting),以探讨澳大利亚公共服务有关问题为首务。其二是APS200,为秘书局提供支持的高级领导人论坛。APS200成员的首要身份都是APS系统中的领导人,不限于其单个机构。在实现创新、协作、开放、灵活、前瞻性、集约的新公共服务蓝图中，APS200 成员应作为文化先驱。APS200 的成员包括依《公共服务法案 1999》招聘的各机构内三等高级行政官员，如副司长（Deputy Secretaries）或同等级别及以上的工作人员，包括澳大利亚秘密情报局（Australian Secret Intelligence Service），澳大利亚安全情报机构（Australian Security Intelligence Organization）和联邦警察局（Australian Federal Police），但不包括联邦申诉办公室（Commonwealth Ombudsman's Office）及外交职位之外的司法、执法或投诉处理部门。

1. 生产力委员会的历史沿革

生产力委员会是澳大利亚财政部附属机构联盟（Treasury Portfolio）依法授权下设的独立机构，主要职能是为澳大利亚政府微观经济政策和法规提供咨询意见和审查评价，并回应财政大部长的意见。其工作可能包括：研究澳大利亚老龄化的经济影响，评估天然气开采制度，评估伤残歧视法案的效果，研究对最不发达国家取消关税的经济影响等。对决策者意见的回应可能需要委托研究（commissioned study）或进行公开调查。在公开调查中，生产力委员会将接受所有民众的意见，并通常在最终报告递交前发布一份报告"草案"。生产力委员会的指导原则是独立于政府和各行业并开放公众参与,其报告往往成为政府决策的依据。需要说明的是,对生产力委员会的政策建议,财政部和政府并非必须采取行动,可能不做回应或拒绝采取行动。

生产力委员会起源于 20 世纪 20 年代依法成立的关税局(Tariff Board),1974 年 1 月关税局成为产业援助委员会(Industries Assistance Commission),20 世纪 80 年代末成为产业委员会(Industry Commission),之后在 1998 年 4 月通过立法由生产力委员会取代。如今的生产力委员会是 3 个机构的联盟:产业委员会(Industry Commission),产业经济局(Bureau of Industry Economics)和经济规划咨询委员会(Economic Planning Advisory Commission)。委员会主席由财政部部长任命,一般任期不超过五年。生产力委员会的报告涉及的主题和行业很宽泛。由于其分析深入,对政府和政策制定具有影响力,生产力委员会往往能为澳大利亚经济或特定产业提供有用的信息。

2. 政府服务评价的产生

随着相关法案和规制的完善以及政府行政理念的改变,澳大利亚的政府绩效评估实践得到了更进一步发展。1993 年 7 月,当时的政府首长(Heads of government,现已改为 Council of Australian Governments,COAG)提议评价政府公共服务,旨在增加公共部门透明度,促进各部门效率效能的提升。提议通过后,1994年正式设立澳大利亚政府服务绩效评估筹划指导委员会(Steering Committee for the Review of Government Service Provision,SCRGSP),负责监督和领导澳大利亚政府公共服务绩效评估工作。最初筹划指导委员会由各州政府中央机构的高级代表组成,如今筹划指导委员会的主席和秘书长由生产力委员会中同一职位的负责人兼任。在COAG的支持和监管下,澳大利亚政府服务评价得以持续开展,每年向民众公布政府服务评价报告(Report on Government Services,ROGS),并积极借鉴国外公共部门绩效评估经验,由具体负责评价工作的各小组依据绩效理论开发评价指标,不断修改完善,确保指标和体系的可行性。ROGS评价不考虑政策制定;相反,其目标是在现有的政府政策框架下整合服务评价指标,协助各政府设立其政策目标和优先次序。ROGS评价的目的是让议会、政府、服务提供者和服务的客户端——广大民众——了解政府绩效和公共服务改革的整体情况,以促进政府持续提升绩效。

3. ROGS评价体系的组织形式

ROGS评价体系采用澳洲各级政府共同参与的合作方式,其组织形式如图2-3所示。国内学者曾经介绍过其组织形式,但现行的模式中加入了 COAG 与督导委员会的互动。2009 年 12 月,COAG 再次确认了全国绩效评估系统中,ROGS 报告应继续作为评价和公布政府服务的生产效率和成本效益的关键工具。

图 2-3　ROGS 评价体系

4. 联邦政府绩效评估指标体系

（1）指标体系的设计思路。澳大利亚政府服务绩效评估筹划指导委员会(SCRGSP)认为政府服务绩效至少应该包括公平、效率和效果三个方面,而评估政府服务绩效应该要获得以下信息,即绩效评估指标包括以下四种类型。

① 产出(outputs)——政府提供的服务数量。例如,学校毕业生人数、在急诊室接受治疗的病人数、垃圾收集吨数或救灭火灾数量。

② 结果(outcomes)——服务目标达成情况,即一项服务

的质量(quality)和效果(effectiveness)。例如,用街道或公园清洁程度来测评垃圾收集部门的成功或失职,用火灾死亡率和受伤率或财产损失来评估消防部门工作的效果。

③ 投入-产出(input-output)——产出/投入,又称"技术效率",用来测量每一单位产出所需要投入的资源数量。例如,改造一个罪犯所需的花费、维护和修理一英里道路花费的成本、病人和护士的比例等。

④ 投入-结果(input-outcome)——结果/投入,又称"成本效益",用来测量达到一定的结果所需要的资源数量。例如,成功改造一名罪犯所需成本、一英里道路经过维护处于良好状态所需花费、成功治疗而无须复诊的每个病人所需成本。

有了以上对绩效内涵和指标类型的认识,SCRGSP确定了设计指标的思路:首先明确服务或项目的目标,然后围绕这个目标,从服务提供的整个过程——服务所需资源(投入)、传送服务的途径(过程)、提供服务的数量(产出)和服务产生的影响(结果)——来设计指标。指标要体现公平、效率和效果三个内容,并将这三个内容渗透在产出、结果、投入-产出、投入-结果这四种类型的指标中,如图2-4所示。

(2) 指标总体框架。根据以上思路,筹划指导委员会制

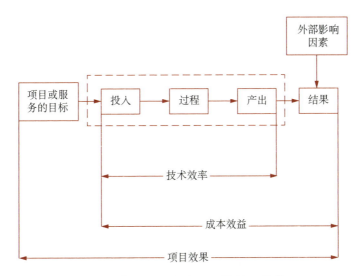

图 2-4 澳大利亚政府服务绩效评估体系

定了政府服务绩效评估指标的总体框架(如图 2-5 所示),然后由各地评估工作小组(working groups)根据这个框架最终确定各个服务领域的具体指标。

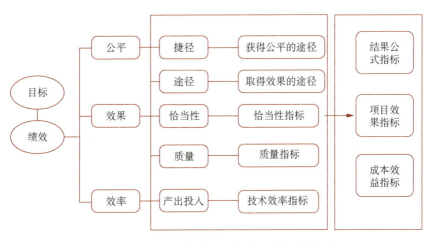

图 2-5 政府服务绩效评估指标的总体框架

71

澳大利亚政府服务绩效评估自1995年开始每年进行一次,其指标体系在每一次的评估实践中不断修正和完善。现行的指标体系包括政府提供服务的医疗卫生、住房、教育(包括普通教育和职业教育)、警察、法院、监狱、社会福利(包括儿童看护、老人看护和残疾人看护)和应急管理(包括消防服务和救护服务)共8个大的领域。

另外具体来看,澳大利亚政府服务绩效评估指标有三个方面的特点:①根据指标总体框架和各服务领域的特点选择具体指标,各领域指标既统一又灵活;②各领域指标分为三个维度,这三个维度中包含了产出指标、结果指标、技术效率指标和成本效益指标;③以定量指标为主,定性指标为补充。

5. 澳大利亚政府服务绩效评估的实施

(1)评估组织。澳大利亚政府服务绩效评估是在专门机构——筹划指导委员会(Steering Committee for the Review of Government Service Provision)的指导和监督下,由各类评估工作小组(working groups)具体操作实施的。筹划指导委员会由澳大利亚联邦政府、州和地区政府中央机构的一些高级官员组成,由生产力委员会主席兼任书记。各类评估工作小组都由各地区权力机关分别任命一个代表组成,这些代表通常是相关部门的高级职员。例如,学校教育和职业教育培训评估工作组是由各地在教育和培训机关工作的官员组成。

澳大利亚政府服务评估工作是由筹划指导委员会各类评估工作小组、专家调查小组和关联实践小组相互协作完成的。评估工作小组、筹划指导委员会和书记之间的联系如图2-6所示。

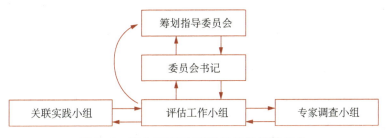

图 2-6　澳大利亚政府服务绩效评估机构

（2）评估实施的步骤。澳大利亚政府评估工作是在澳大利亚政府联合会（Council of Australian Governments）的赞助下，由筹划指导委员会、各类评估工作小组合作完成的，其间需要专家调查小组和关联实践小组配合与参与。

由于澳大利亚的政府服务绩效评估是分领域进行的，各领域的指标都非常细致，整个服务系统的绩效评估体系庞大，所以对政府服务绩效评估未进行综合评比，而采用各领域每项指标分别比较的方法。其具体实施步骤如下。

① 由筹划指导委员会委员发起评估通告，召集各地工作

小组,并制定评估指标的整体框架。

② 各类评估工作小组负责根据绩效评估指标框架开发本类服务的具体绩效评估指标。在开发指标时,他们首先要与专家研究机构、相关实践机构的专家们充分沟通和交流,获得专家们的建议。在选择具体指标时,他们遵循五个原则:第一,每一个指标必须进行明确的定义;第二,根据本领域服务提供的过程开发;第三,尽可能贴近顾客需求;第四,选取经济性的指标;第五,选取综合性的指标。

③ 各评估工作小组与统计部门、专家研究机构、相关实践机构联系,收集各指标的信息。例如,澳大利亚健康和福利研究院收集了各地健康和社区服务领域的数据,评估工作小组可以利用这些数据;又如,澳大利亚统计署拥有各地的相关数据,可以与统计署联系取得数据。

④ 向筹划指导委员会报告,筹划指导委员会整理、分析信息和数据,再将问题和建议反馈给工作小组。工作小组根据筹划指导委员会的指示再行收集信息,如此反复直至收集到尽可能可靠的数据。

⑤ 筹划指导委员会根据各工作小组上传的各地绩效指标数据,进行逐项比较分析,并撰写评估报告。评估报告要非常详细,主要包括三大内容:评估指标、各地评估数据比较、比较结果。第一,要详细介绍各服务领域评估指标的情况,包

括暂未开发的指标、无法获得数据的指标和未来可能的指标;第二,介绍各服务领域在各个指标上数据的获取情况并比较评估各州的绩效;第三,以图表的形式展示比较结果,并解释。

⑥ 公开发布评估报告。每一年的评估报告都发布在专门的网站上,并提供下载,不仅能使纳税人了解政府使用资源和绩效的状况,而且为各地政府提供了制定战略预算和计划的依据。

第四节　我国地方政府绩效评估实践

一、我国地方政府绩效评估的发展历程

在改革开放向前推进了多年之后,我国的社会主义市场经济体制框架初步确立,市场经济的发展,特别是加入世贸组织的现实,促使着现有的经济体制和运行机制加速与国际接轨,这就要求建立起适应全球化、与市场机制相协调的行政体制和行政模式。带着计划经济、传统体制的烙印和"遗产",我国地方各级政府锲而不舍地进行了行政管理体制的持续改革,在变革观念、转变职能、调整结构、改革行为方式的同时,借鉴和引进国际上流行的新的管理机制、管理技术和工具,根据地方的具体情况,进行了一系列的管理优化与创新。在地方政府创新所形成的新的管理机制中,以政府为对象的绩效评估成为一个不可分割的组成部分。尽管各地方政府绩效评估目前基本上还处于探索阶段,但已经迈出了可喜的一步,取得了一定的成效。从做法上看,各地方的探索主要集中在以下四个方面。

(一) 目标责任制阶段

目标责任制在我国开始于 20 世纪 80 年代，最初的主要表现形式是"目标管理"。作为机关内部的一种管理技术，目标管理的特点是将组织目标分解并落实到各个工作岗位，目标完成情况的考核也相应针对各个工作岗位，这与以组织为单位的目标设定和绩效评估有着明显的不同。随着行政管理体制的改革和完善，目标管理的思路和原则逐渐得到扩展，发展到面向行政首长的目标责任制。由于行政首长的目标责任与所在政府层级或部门的目标责任基本上一致，对行政首长目标完成情况的考核实际上等同于对组织绩效的评估与考核。换言之，组织绩效评估作为目标责任制的一个关键环节，随着目标责任制的广泛实施而被应用到各个政府层级、政府部门和政府工作的诸多领域。青岛市在这方面进行了创新性的探索和实践。从 2002 年开始，青岛就开始进行学习型、创新型、竞争型、服务型政府机关建设，把精简机构、减少审批、统一处罚、公开、公示的"五项工程"与政府机关的目标绩效考核系统的推进综合起来，从组织设计、制度重塑、考评导向上促进政府职能转变。为了对目标完成情况进行监测和考核评估，青岛市构建了多层次的督查和日常监控体系，对完成目标的进展情况实行日报告、季调度、半年督查和随机抽查的制度。利用已开发的目标管理考核软件系统对各单位重点工作目标的进展情况组织分析、监控和预警,对各单位目标完成情况进行定期通报,逐步在新闻媒体上进行定期综述,加大舆论的约束力。同时,督查部门和专业部门协同配合,充分利用好经济审计等专业部门的工作成果。

(二) 效能建设阶段

为适应我国加入WTO的新形势,推进政府职能转变,切实转变政府机关工作作风和提高为人民服务质量,建设更加廉洁、勤政、务实、高效的政府机关,福建省在全国率先开展了政府机关效能建设活动,到2002年9月,又有广东的潮州、重庆的合山等地方政府或部门,不同程度地开展了这一活动。效能建设是在拓展效能监察活动基础上形成的新的思路和新的运作机制。作为一种综合性的管理机制,效能建设的领域十分广阔,内容非常丰富:①各单位各部门根据各自的工作职责加强制度建设,以岗位责任制来明确工作职责,以服务承诺制来规范管理和服务要求,以公示制来推行政务公开,以评议制来强化民主监督,以失职追究制来严肃工作纪律。②强化内部管理规范,严格依法行政,同时优化管理要素,简化工作程序,提高办事效率。③牢固树立服务意识,努力提高服务水平。④强化监督机制,严肃行政纪律。⑤科学规范绩效考评,并将考评结果与奖惩相结合,与干部使用相联系,增强部门、单位及其工作人员的责任感和紧迫感。可见,政府绩效评估是效能建设的一项重要内容。

(三) 民间公开评估政府阶段

20世纪90年代末以来,我国的沈阳、杭州、厦门、南京和宁波等城市相继开展了以"让人民评判,让人民满意"为导向的万人评议政府机关活动。1998年12月初到1999年1月中旬,沈阳市举办了大规模的市民评议政府活动。这次活动在近两个月的时间里采取问卷的形式,组织广大市民对市政府1998年的主要工作进行了评议。沈阳市政府称,这项活动的目的在于让老百姓有公开表达意愿的机会。2001年12月起,南京市开展了"万人评议机关"的活动,对市级机关及直属单位的工作、作风进行广泛评议,对在"万人评议机关"活动中排在前10名的部门和单位予以表扬,对排在末位的5个部门的主要领导分别进行了处理,或免或降,绝不手软。

(四) 政府绩效评估阶段

2003年福建省厦门市思明区在全国首创的"公共部门绩效评估体系",获得了中国地方政府创新奖。该系统的开发与应用为解决公共部门管理的瓶颈问题探索出新路径,对推进政府职能转变、促进管理机制更新、提升政府服务质量具有实质性的应用价值。2004年8月2日,国家人事部"中国政府绩效评估研究"课题组提出了一套适用于我国地方政府绩效评估的指标体系,该体系在总结国内外相关指标体系设计思想和方法技术的基础上,将社会保障、社会稳定、廉洁状况和行政效率等33个指标纳入考核范围。评估的重点放在了整体管理水平和生活改善水平上,而非单单的GDP增长率和就业机会率。根据该体系评估政府,不是看它投入多少资源、做了多少工作,而是要考核它所做的工作在多大程度上满足了社会、企业、公众的需求,把"满意原则"作为政府绩效评估的最终制度。近几年的实践表明,以满意原则为导向的人民群众评议政府机关的制度是地方政府绩效评估的一种新形式和新机制,反映了我国政府市场化改革的发展趋势,体现了人民当家做主的社会主义民主政治本质,对加强政府与人民群众的血肉联系、增强政府服务意识、改善政府服务质量、提高服务效率、树立良好的政府形象具有重要的作用。

二、我国地方政府绩效评估典型实践

随着社会主义市场经济体制改革的不断深化,尤其是加入WTO之后,政府职能、管理方式和方法都面临转变。如何转变政府职能和公共管理方式,适应市场经济和全球化的需要是我国各级政府面临的重大课题。同时,随着我国民主政治的推进,政务公开的程度和公民的参与意识都在提高。在这样的背景下,我国研究绩效评估的学者以及实践家们引进了西方卓有成效的政府绩效评估工具。通过对实践的观察,不难发现,我国政府绩效评估实践的发展带有明显的时代特征,表现出一种对执政者号召的响应。本文将这一系列实践置于当时的政治背景之下,通过分析其起源及本质,划分实践阶段并提出该阶段实践的典型模式。

(一) 目标责任制的典范——青岛模式

1. 目标责任制的兴起及转变

从20世纪80年代中期到90年代初期,我国政府绩效评估基本上表现为地方政府自发的,以提高政府机关工作效率为目的的目标责任制。1997年9月,江泽民同志在中共十五大报告中指出,"机构庞大,人员臃肿,政企不分,官僚主义严重,直接阻碍改革的深入和经济的发展,影响到党和群众的关系"。朱镕基总理在多次会议上强调要通过改革创造一个高效、廉洁、有权威的政府。1998年2月,中共十五届二中全会审议通过了《国务院机构改革方案》。之后,省、市、县、乡级政府相继进行了政府机构改革和事业单位的改革等。在这一改革背景下,一些地方政府相应开展了以提高政府机关工作效率为目的的政府绩效评价活动。20世纪90年代的目标责任制关注的是经济增长,是自上而下的系统推进。中央和上级机关制定各项数字化经济增长目标,以任务的形式分派给下级单位,形成一个金字塔结构。进入21世纪后,目标责任制发生了变化,在目标设定过程中,突出了社会职能和公共服务,将新的施政理念通过目标责任制加以贯彻落实。

2. 青岛模式

自1998年以来,青岛市以"科学民主的目标化决策机制、责任制衡的刚性化执行机制、督查考核的制度化监督机制、奖惩兑现的导向化激励机制"为核心目标,创造性地把督查工作与目标绩效管理相结合,考绩与评人相结合,形成了青岛模式。青岛模式是目标责任制的典范,其理论基础是目标管理理论,主要有以下四个特点。

(1) 绩效评估的目标设定和内容得到扩展。青岛市按照科学发展观的要求,确定全市创建高绩效机关的使命、价值观、愿景、战略,其中战略主题由经济绩效、政治绩效、文化绩效、社会绩效和党的建设五方面构成,突出了社会职能和公共服务,体现了我国建设格局的变化,使新一代领导集体提出的新施政理念通过目标责任制得以贯彻落实。

(2) 绩效目标制定过程的科学化和民主化。青岛市在绩效目标制定过程中,引入了服务对象、专家、人大代表等的审议程序,使绩效目标的制定真正建立在科学、民主的基础之上。

(3) 建立起了严密的目标层次体系和目标网络。青岛市目标管理绩效考核委员会通过目标的层层分解,把各项重要决策、工作目标和部署转化为具体的、可量化的考核指标,通过政府各部门相互协调将责任、权力和利益也进行层层分解,明确责任领导、责任部门和责任人,自上而下地构筑起"一级抓一级,一级对一级负责"的责任体系。

(4) 重视评估结果的利用。使绩效考核与干部考核紧密挂钩,实行单位主要领导政绩评定与本单位考核结果直接挂钩的办法,将考核结果量化到每一位市管领导干部。

青岛模式的本质就是将目标责任制和绩效评估有效地结合起来,以达到提高政府效率的目标。青岛实行目标责任制管理确实取得了一些比较好的效果。然而,目标管理有一个致命的缺点,那就是:目标管理需要列举非常详细的目标集合,并以完成这些目标项的程度来衡量绩效,但是目标集合以外的东西却通常被忽视。实际上,青岛目标考核的做法也会在一定程度上刺激政府官员的短期行为,即政府官员只顾及目标集合,为此不惜一切代价。

（二）公民导向的实践——杭州模式

1. 公民评议政府活动兴起的背景

沈阳市和珠海市分别于 1998 年末和 1999 年率先举办了"市民评议政府"和"万人评政府"活动。此后每年都有几个地区举办此类活动,杭州市也早在 2000 年就开展了"满意评比"并一直持续至今,发展态势良好。从发生的时间来看,公民评议政府活动表现出一个特点,即我国执政党理念与绩效评估实践发展是一脉相承的。1997 年中共十五大召开,提出政府体制改革;2000 年江泽民提出"三个代表",其本质即为"立党为公、执政为民";2002 年中共十六大的召开,建设服务型政府的战略目标被提出。

2. 杭州模式

2000 年初,杭州市委、市政府通过调查研究,发现制约杭州发展的主要有两个因素:一是发展空间问题,二是机关作风问题。为了解决机关作风问题,2000 年杭州市 54 个市级单位全面展开"满意不满意"单位评选,评选的主要内容是各单位的全局观念、服务宗旨、服务质量、办事效率、勤政廉洁、工作业绩等六个方面。杭州市专门成立了"满意不满意"评选活动领导小组办公室,全面负责相关工作。活动的评价主体包括四大层面:一是市党代会代表、市人大代表和市政协委员层面;二是企业层面;三是市民层面;四是市直机关互评。据统计,共发出选票5 969张,回收5 787张,回收率达96.96%。2005年,杭州对考核评价体系进行了改革,成立了杭州市综合考评委员会,对各单位的工作情况通过目标考核、领导考评和社会评价等三个方面进行综合考核评价。2006年8月,杭州市委在整合市级机关目标管理、市直单位"满意不满意"单位评选和机关效能建设等职能的基础上,组建成立了杭州市综合考评委员会办公室,作为杭州市综合考评委员会的常设办事机构,主要负责市直单位综合绩效考评、效能建设等工作。

杭州政府绩效评估模式以公民为主要导向,主要有以下三个特点。

(1) 整合了"自上而下"和"自下而上"两种评估模式,体现了公民满意原则。满意评选活动即"公众评议政府"活动,属于近年来方兴未艾的"自下而上"的评估模式,是对"自上而下"评估模式的有效补充。杭州市直单位综合考评模式建立在原有的目标管理、满意评选和效能监察的基础上,在机构建设、指标设置、监督管理等方面进行了有效的资源优化重组,充分显现出"1+1>2"的效果。两种评估模式的整合,既保证了组织考核的有效度,提高了公众的民主观念和参与意识,对政府工作起到监督作用,又通过民情民意表达渠道的制度化建设,进一步提升了综合绩效评估的公信度。和以前的地方政府绩效评估相比,杭州模式实现了向"公民满意原则"转变;体现了政府工作重心由"政府本位"向公民取向转变,和其他地方的"公众评议政府"活动相比,杭州市的满意评比体现了持续性、发展性。

(2)推进了绩效评估从"重结果"向"过程与结果并重"转化。杭州模式加强目标任务完成情况的过程督查、加大机关和公务员行政作为的效能监督,以及重视社会评价、公众意见的整改和反馈等各种过程管理措施和手段的不断完善,必将使考评对象的注意力从结果向过程转移,从而有效促进各部门在行政行为中提高成本意识、优化资源配置,最终使综合考评达到"全面质量管理"的效果。

(3)考评维度体现创新创优,绩效导向进一步明确。在综合考评指标体系中,引入了绩效评估的理念和方法,对创新目标实行绩效考核,进一步激励市直单位创新创优,提高整体工作水平和绩效。创新目标绩效考核程序包括申报、立项、申请验收、检查核实和公示,并最终由市考评办组织专家组,对各单位创新目标完成情况进行绩效评估,写出绩效评估报告,根据"创新工作目标得分 = 1.5 分 × 难度系数 × 评估系数"计算最终得分。

总体来看,杭州模式(含目标考核和满意评比)是对公民导向政府绩效评估的肯定,创新了政府绩效评估模式的实践,具有一定的积极意义。关于杭州市政府绩效评估的实证分析,将在本文的第四部分进行详细论述。

(三) 综合性的效能建设——福建模式

1. 效能建设的背景

2002 年 11 月,江泽民同志在中共十六大的报告中正式提出了进行新一轮机构改革,要求按照精简、统一、效能的原则和决策、执行、监督相协调的思想,继续推进政府机构改革。2003 年 2 月,中共十六届二中全会审议通过了《关于深化行政管理体制和机构改革的意见》,指出要通过机构改革建立全新的"行为规范、运转协调、公正透明、廉洁高效"的行政管理体制,更好地为改革开放和社会主义现代化建设服务。各级地方政府围绕这一要求,对政府及其部门进行改革,力求建设效能政府。

2. 福建模式

福建省成立了以省长为组长的机关效能建设领导小组,并在纪检监察机关设立办公室,具体负责绩效评估的组织实施、协调指导和综合反馈;各设区市和省直各部门都成立了工作小组,形成了绩效评估工作的组织体系。福建省的绩效评估主要采用三大办法(见表 2-2)。在开展绩效评估的基础上,福建省还探索建立奖惩机制,把绩效评估结果作为评价政府、部门及其领导人工作实绩的重要依据,与干部使用、评先评优、物质奖励挂钩。

表2-2 福建省绩效评估的三大办法

形式	具体方法	配套措施
指标考核	绩效评估量化考核指标。	评估频率:中期检查和年终检查 指标体系介绍:对设区市政府绩效考核指标,设定了可持续发展、和谐社会构建和勤政廉政建设等5个一级指标和GDP增长及其贡献率、人才资源增长率、城镇化程度等34个二级指标;对省政府组成部门的绩效评估,设定了业务工作实绩和行政能力建设2大项目,包括贯彻落实中央和省委、省政府重大决策部署情况、年度工作任务完成情况、依法处理涉及群众利益的热点问题情况、科学民主行政、依法行政、勤政廉政情况等指标。
公众评议	社会公众测评表和问卷调查表。	公众评议次数:每年两次。 评估主体:人大代表、政协委员、企业经营者、城镇居民和农村居民等。
察访核验	明察暗访、重点抽查等方式。	查访次数:年度察访次数不少于三次 具体运作:省效能办牵头,会同有关单位对被评估单位的作风、纪律、效率、形象等方面的情况进行暗访和查核。

福建模式主要有六个特点:①绩效评估领导小组职责明确。绩效评估领导小组召集了省级各部门的相关领导,各部门能够及时收集和反馈绩效评估信息和绩效评估结果。②确

定较为系统的政府绩效评估指标体系,包括评估目标、评估维度、评估指标设计以及评估主体确定等。从通用指标到具体部门的指标,在指标设计上综合考虑了所有情况,适合政府管理的具体操作。③在具体指标设计上,采取定性考核与定量测评相结合的指标模式。④实现评估主体多元化。⑤综合运用多种评估方法。福建省通过上表中三种办法采集数据和信息,然后进行综合评价,形成评估结果,反馈给被评估单位并在一定范围内进行通报。⑥采取了试点评估、逐步开展的办法。采用试点的做法能较好地协调矛盾。福建省坚持试点评估,以几个效能建设先进单位为第一轮试点,为绩效评估在全区的推广积累了经验。

福建省在实施政府绩效评估时侧重三个方面:一是绩效方案的设计,二是试点工作的展开,三是评估结果的运用。其绩效评估的做法完整地体现了政府绩效评估理念,无论在流程操作还是绩效评估体系设计方面都为下一步政府绩效评估的实践创造了条件,并以服务型政府为导向构建了新型效率型政府,为我国政府管理体制改革提供了经验借鉴。

(四) 第三方评价政府绩效的开端——甘肃模式

2004年,甘肃省政府开创了政府绩效外部评价的新形式,探索了我国政府绩效评估领域的新模式。从2004年起,甘肃省将全省14个市州政府及省政府39个职能部门的绩效评价工作,委托给兰州大学中国地方政府绩效评价中心具体负责组织实施。其主要做法有:①围绕树立科学发展观和提高地方政府行政能力的主题,为企业创业和发展营造一个规范严明的法治环境、诚实守信的信用环境、优质高效的服务环境和宽松和谐的创业环境,对全省14个市州政府及政府39个职能部门的工作绩效进行评价。②评价主体以各地有代表性的非公有制企业为主,并结合兰州大学中国地方政府绩效评价中心的专家意见得出评价意见。③评价指标体系按市州政府和省政府所属职能部门两类评价对象分别设置(见表2-3)。每套评价指标体系分别按企业、上级政府、专家三类评

表2-3 甘肃省政府绩效评价指标体系

评价对象	一级指标	二级指标	三级指标	评价主体
市州政府	职能履行	经济运行等14个	40个(具体略)	非公有制企业;省政府评价组;评价工作专家委员会。
	依法行政			
	管理效率			
	政府创新			
省政府所属职能部门	职能发挥与政策水平	职能发挥等9个	31个(具体略)	
	依法行政			
	政风与公务员素质			
	服务质量			

价主体设计。根据两类评价对象和三类评价主体,共设计了四套指标体系和两套调查问卷。④市州政府和省政府职能部门绩效用综合绩效指数来衡量。

甘肃省用第三方来独立评价政府绩效的举措具有开创性的意义。一方面,政府能将评价自身的工作委托给学术机构,表明政府相信公众能够为政府绩效做出科学公正的评价,政府与民间的相互关系走向成熟;另一方面,民间第三部门机构形成一种新的评估力量,以制度化、组织化的形式参与政府绩效评价,作为公民参政议政的切入点,有利于和谐社会的建设。可以发现,甘肃政府绩效评估模式的创新主要在于评估主体的变化:政府仅仅是被评估的对象,只适当派出部分工作人员参与评价过程。甘肃绩效评估的主要推行者从政府转向了第三方机构,第三方机构不再是简单的评估主体,而成为绩效评估的实施者和组织者,其角色发生了根本转变。根据有效治理理论,公民参与主持政府业绩评价对于公民社会的形成和政府责任心的增强都有一定作用。

三、当前我国地方政府绩效评估存在的问题

在"新公共管理"理论的影响下,我国学者乃至实践家们为了解决我国政府公共管理面临的效率问题、服务质量问题和公众满意度问题,在已有考核制度与措施中引入了政府绩

效评估。这在相当程度上拓展了我国政府公共管理的理论研究，促进了实践创新，但同时也表现出急功近利和表象化的缺陷。

在理论研究上，存在的缺陷主要表现为：对政府绩效评估动力机制的研究，是从政府公共管理问题的表象出发而不是从问题的原因和基本国情出发而展开的；以西方发达国家和企业的实践经验总结介绍、甚至照搬他们的具体做法代替了必要的政府绩效评估的原创性研究；以零碎的、分散的研究代替了从理念、价值、实施环境到具体实施方法与途径的系统研究。已有的研究虽然在角度、侧重点方面各不相同，但研究结论都强调了在我国推行政府绩效评估措施的紧迫性、必要性以及政府绩效评估的工具性价值。没有深入和系统地研究政府绩效评估的原创性理论，没有结合中国经济社会发展和政府公共管理的现实来研究如何使西方国家政府绩效评估的实践经验更加符合我国的实际并加以本土化，没有结合政府公共管理特征和行政业务需求来研究如何在政府绩效评估中引入企业绩效评估的方法，对政府绩效评估的理念、内涵、价值、评估过程的各个环节和实施环境缺乏系统的把握，致使研究成果难以对实践产生正确的指导作用，缺乏应用性和可操作性，导致政府绩效评估实践的盲目性更加严重。

在实践应用上，目前我国称之为政府绩效评估的形式主要有三大类。第一类是普适性的政府绩效评估。这是公共管理机制中的一个环节，通常表现为目标责任制、社会服务承诺制、效能监察、效能建设、行风评议、干部实绩考核等评估形式。这种评估形式主要在政府组织内部进行，目的是通过目标责任制等评估手段实现传统行政模式下行政效率的提高，存在着对上不对下、对内不对外的责任缺位现象。第二类是行业绩效评估。这是将评估应用于具体行业，由政府主管部门设立评估指标，并组织对所管辖的行业进行定期评估，具有自上而下的单向性特征。第三类是专项绩效评估。这是针对某一专项活动或政府工作的某一方面而展开的评估，主要强调了外部评估，目的是通过社会调查、满意度评价等方法提高公众对政府工作的满意程度；但这种评估形式存在着顾客资源识别、满意度评价是否适用于所有党政机关、是否能够展现所有被评估对象的绩效等问题。

我国实践中实行的上述三类形式，客观地说，还不能视为当代真正意义上的政府绩效评估，也还很不成熟，主要存在八个问题：①我国实行政府绩效评估还处于自发、半自发状态，缺乏全国统一的、相应的制度和法律做保障，缺乏系统的理论做指导，照搬西方国家或企业绩效评估措施的现象普遍存在，盲目性严重。②政府绩效评估缺乏评估主体的制度建构；党委组织部门、政府人事部门、国有资产管理部门在评估公务员绩效时彼此分割，负责公务员绩效评估的专门机构还没有真正建立。③绩效评估的内容不全面，没有建立科学、综合的评估指标体系，片面地将经济业绩等同于政绩，或者将公众的满意度评估等同于政府绩效评估的全部；绩效评估与政府职能和岗位职责严重脱节；同时，政府绩效一般没有进入市场交换领域，导致政府绩效评估难以用市场价格来直接标示必要的行政成本。④评估程序没有规范化、程序化，存在着随意性；评估过程具有封闭性、神秘性，缺乏透明、公开的制度与应有的监督。⑤评估方法缺乏科学性，没有实现定性方法与定量方法的有机结合，忽视了时间因素对绩效评估的影响；评估方法单一，评估大多采取"运动式""评比式""突击式"，忽视了持续性评估。⑥绩效评估功能的定位没有注重通过科学合理和可量化的绩效目标、绩效标准来规范行政行为，不是把绩效评估作为提高行政能力、规范行政行为和进行激励的有效措施，而是作为消极防御、事后监督与制裁的手段，因而总是陷于被动。⑦在科学政绩观、绩效目标和评估指标体系尚未有效建立的条件下，表面化的绩效评估进一步助长了政府部门及其领导者把主要精力放在见效快、表面化程度高的行政事务上的风气，不考虑经济效益和社会效益，挥霍公共财产，刻意制造政绩工程。⑧开展绩效评估忽视了实施绩效评估的基础性工作以及配套性措施的完善，包括没有重新梳理政府部门的职能来解决职能交叉重复的问题;没有通过工作分析来解决岗位职责与岗位工作标准不明确的问题;没有制定和完善行为标准、行为规范来解决绩效评估时的评判尺度问题,导致绩效评估不是根据同一的评判尺度而是根据评估者个体利益实现的程度来进行评估。

第三章　高效政府绩效评估体系

第一节　政府绩效评估价值标准

政府绩效是一个综合性范畴,它不仅是一个经济范畴,还具有伦理、政治的意义;不仅涉及制度规范等刚性机制,还涉及管理作风、管理态度等柔性机制。对绩效的关注要求我们不仅要重视政府管理活动的内部机制,更要关注政府公共部门与社会、公民的关系;不仅要注意数量指标,更要重视质量品位。伴随着绩效观念对效率观念的逐步替代,单纯的效率测量也因难以体现公共管理的目标多元性和价值多样性而逐步退出评估价值体系。绩效作为一种更加系统和综合的概念,如果期望通过它最终起到提升政府管理质量的作用,首先要做的就是建立起一套能够反映公共管理多元目标的价值标准,以取代传统的、单一的"效率取向"标准。长期以来,我国政府绩效评估存在着评估标准过高过空、不切实际,评估的价值取向以经济为主导等弊端。在这种价值导向下,一些地方盲目攀比、大搞形象工程、片面地追求GDP的增长,其结果是社会公平问题被淡忘、环保问题被忽视、老百姓的一些切身利益被忽略。要扭转这一趋势,建立科学、合理的政府绩效评估价值标准就成为当务之急。在绩效评估发展较为成熟的西方国家,人们常用"3E"——"经济"(economy)、"效率"(efficiency)、"效益"(effectiveness),或者"4e"——"公正"(equity)、"卓越"(excellence)、"企业家精神"(entrepreneurship)、"专业技能"(expertise)来概括政府绩效评估的价值标准。这种归纳和表述无疑是正确的,但它带有过多的理性设计色彩,偏向于学理上的分析,忽视了具体的政治、文化因素,实际操作性比较有限。因此,如果简单地全盘引用国外的价值标准,很可能不符合我国的现实国情。

立足于中国现实的政府绩效评估的价值标准应至少包括以下三个方面。

(1)效率与公平并重。政府绩效的内涵非常丰富,不能简单等同于效率。效率是指单纯的投入和产出之比,但政府行政以提供公共服务为主旨,政府所提供的公共服务只有满足了社会、企业和公众的需要,其价值才能得以实现;公平指将运用社会稀缺资源所获得的成果公平地分配给全体社会成员,所以是政府必须追求的价值。追求公平是公共部门,特别是政府的基本功能之一，是弥补市场机制不足的制度设计，社会保障、社会秩序等都是公平价值的具体载体。

(2) 效率与民主兼顾。追求效率是政府绩效管理的核心，高效的政府意味着运作更好、耗费更少。新公共管理运动提倡建立企业家政府，就是希望政府能够像企业那样采用新的方式促进生产力和效益的提高，创建一个花钱少、办事好的政府。在我国，政府效率普遍较低，因此政府绩效评估要充分体现效率原则及其价值。但是，追求效率并不意味着在政府绩效评估中采取唯效率主义。如果只强调效率，就会使政府远离社会民主价值。因此，政府绩效评估要将效率与民主相结合，及时听取民众的意见，接受民众的监督，加强政府的透明度，缩短政府与公众之间的距离，使公众的意志和利益能够及时体现在政府的公共行政中。

(3) 经济增长和社会发展同步。我国政府所应追求的发展不仅包括经济增长，还包括就业、教育、科技、环保、文化、卫生、社会保障和社会公正等内容，包括经济结构转换、社会进步、资源环境与人的和谐全面发展等。经济增长强调经济总量的扩大和物质资本的积累，社会发展则更强调以人为本和公众的精神满足程度。因此，经济增长不是社会发展的全部，国富民强才是发展的目标，而经济增长只是实现这一目的的手段。两个标准是互相融合的，贯彻效率价值可以促进经济增长,加快社会发展的进程;提倡公平和民主价值可以全方位调动公众参加经济建设的积极性,也可以有效地促进社会发展。

上述三者共同构成政府绩效评估的价值标准,有利于充分体现政府存在的意义,更好地履行政府职能,提高公众对政府的认同感和满意度。

第二节　政府绩效评估战略框架

政府绩效评估是一个包含内容相当广泛的术语。这个术语所指向的是政府公共部门在管理公共事务和供给公共服务过程中的投入、产出、中期成果、最终成果及社会效果。评估活动主要通过对政府公共管理活动的花费、运作及其社会效果等方面的测定来划分不同的绩效等级，提高政府公共管理绩效。因此，政府绩效评估并不是一个单一的行为过程，而是由许多环节、步骤所组成的行为系统，不仅包括绩效评估过程本身，还包括评估结果的使用。政府绩效评估试图冷静、客观地评价公共管理活动所产生的效果，但这个过程的复杂性和各种地方利益、部门利益，使这种冷静、客观的评价很难实现。为此，开展政府绩效评估必须首先明确以下问题：对一级政府或一个政府部门的绩效进行评估，应具体划分为哪些评估项目；绩效目标如何确定；以任务为导向的结果应当如何测定；评估绩效时应当收集哪些信息；有根据的、可信赖的和可估价的信息价值是什么；如何才能最大限度地利用绩效评估结果来改进政府管理。其中最关键的是评估绩效所使用的信息资料的收集、绩效目标的确定和评估项目的划分。

一、信息资料的收集

评估绩效前应广泛收集将要接受评估的政府及其部门的管理绩效的各方面信息和资料。一般来说,划分评估项目和选定所要评估的内容取决于两个关键因素:一是绩效评估所欲使用的资料,二是绩效评估者的价值观。绩效评估使用的信息资料包括政府及其各部门的服务承诺、工作计划与方案、工作报表、回复社会公众提出问题或投诉的信件和电话数量的统计与记录、解决实际问题的数量、实际取得的工作结果与社会效果、会议记录、物质投入与消耗、重大决策过程、成果鉴定的结果、绩效评估结果、管理方法的改进与调整等。要使信息资料准确、客观和全面地反映政府公共部门的管理绩效、社会效果和公共管理过程中存在的问题,信息资料的收集就必须真实、客观与全面。

信息资料主要来源于政府公共部门、社会公众以及实际效果的鉴定、评估者所进行的调查和听证等。以绩效为基础的管理就是一种信息交流。在政府大量公共事务与公共服务都通过网络来管理和传递的情况下,这些信息以数字形态存在,以网络为传播途径,在数字虚拟的办公环境中进行传递、反馈与处理。因此,收集信息资料的关键是要运用信息、电子和数字网络技术在政府公共部门之间、政府公共部门与社会公众之间、绩效评估者与政府公共部门和社会公众之间建立一种通过网络进行信息收集、传递与反馈的机制。

二、绩效目标的确定

绩效目标也称为绩效标准。政府绩效评估就是对政府管理活动的绩效进行评价并划分等级,区分和明确各个不同绩效等级上的具体绩效要求就是绩效目标的确定。除了对不同的绩效等级规定明确具体的绩效要求之外,绩效目标还规定了明确、严格的产出和结果评估措施,每一个绩效等级需要达到什么样的绩效要求都是事先给定的。

例如,在对环境管理部门的绩效进行评估时,假设其绩效等级可分为 A、B、C 三等,具体评估项目可划分为:①空气质量、污染及其指标;②水质量、污染及其指标;③毒素防治;④废物管理和利用。根据评估项目的划分,确定 A、B、C 三个等级分别在 4 个评估项目上的具体绩效要求就是绩效目标。绩效评估过程就是根据绩效目标对实际的管理和服务结果划分等级的过程。因此,政府绩效评估的程序开始于管理结果与绩效目标之间的比较。如果没有明确的绩效目标,政府绩效评估就失去了方向,也不可能开展;如果绩效目标明确,开展绩效评估就会比较容易。绩效目标体现的不是政府部门自身制定的规则,而是来源于国家立法,反映和体现社会公众的利益与意志。绩效评估正是通过国家立法或国家行政立法对绩效目标的规定,把政府公共管理活动对法律负责、对行为结果负责、对社会公众负责统一起来。法律和行政法规规定了绩效目标,减少了对政府公共部门及其所属人员如何达到目标的规定与束缚,使其有了充分的自主性,这体现了放松规制的政府改革。政府公共部门通过管理活动达到绩效目标的过程既是依法行政和依法管理的过程,也是使公共行政活动反映和体现社会公众利益与意志的过程。社会公众的利益与意志通过国家法律和行政规范中的政府绩效目标体现出来。对绩效负责、对结果负责,也就是对法律负责、对社会公众负责。

绩效目标包括量和质两个方面。"量"表明的是政府管理效率的高低,可以表示为:①效率比例,包括投入与产出的比例、单位时间内提供公共服务的数量、单位物质投入所提供公共服务的数量、无形损耗与公共服务间的数量比例,以及这种比例发展的趋向;②频率高低和行政活动节奏的快慢,包括每次公共服务提供之间的时间间隔、社会公众提出要求与政府公共部门做出反应之间的时间间隔,以及这种频率变化的情况和趋向;③环节多少,包括政府部门从开始进行某项活动到这项活动全部结束所用的时间多少、步骤多少和所经过部门的多少。"质"表明的是政府公共部门进行公共行政活动、提供公共服务的态度,所使用的方法与手段,管理能力,以及社会公众满意程度。哈里认为,政府公共部门绩效的"质量"包含服务质量和结果两个方面。"质量"关注的是公共服务的提供过程,如提供公共服务是否及时与准确、是否让顾客感到方便以及提供服务时的态度等;"结果"关注的是公共服务供给之后所产生的社会效果,如政府公共部门供给公共服务之后,社会、环境和人们的生活等是否得到了发展和改进、发展与改进的程度、社会公众满意的程度等。评估政府绩效不存在一个统一的适用于各级政府和各个政府部门的目标或标准。政府绩效评估的目标体系应包括两方面:一是由各个不同绩效等级的绩效目标所组成的一级政府或一个政府部门的绩效目标体系;二是由各级政府或各个政府部门的绩效目标所组成的政府公共部门绩效目标体系。

三、评估项目的划分

评估项目的划分与绩效评估之间存在着密切的联系。如何使政府公共部门的优势与缺陷都体现在不同的评估项目中,是使评估客观、公正地发挥评估导向作用的关键。绩效评估过程本身是一种主观活动,评估者选择什么样的评估资料、选择与确定什么评估项目等都是一种主观活动的体现。如果这种选择不能客观地反映公共管理活动过程、绩效结果与存在的问题,那就会起到相反的作用。因此,如何确定和划分评估项目,直接指向的是以任务为导向的结果如何测定的问题。具体来说,划分绩效评估项目有两项要求:一是要根据政府的具体职能进行区分,不同级别的政府和性质不同的政府部门的绩效评估应有不同的评估项目;二是要根据社会发展的整体价值取向和社会公众的需求进行区分,这样不同时间、不同地区和不同社会历史条件下的政府绩效评估,即使是对同一级政府或同一类政府部门的绩效进行评估,也会划分出不同的评估项目。同时,划分评估项目还有一个不可忽视的技术性问题,就是如何把每一级政府及各部门的职能进一步细化并对其所管理的具体事务进行归类与多级划分的问题。例如,我们把环境管理部门的评估项目第一步划分为 a、b、c、d 四个项目。但是这四个项目仍然很抽象,难以体现其绩效等级。所以,第二步还必须对每一个项目进行再划分。例如,空气的质量这个项目又可以再划分为碳氧化合物的含量、氧化氮的含量、易挥发的有机混合物的含量、二氧化硫的含量、少于 10 微米的微粒物的含量、少于 215 微米的微粒物的含量、铅的含量等。这样,第二步的划分就更为具体。有的甚至还要进行第三步的划分。划分得越具体,就越涉及技术性问题;划分得越具体,就越能进行量化分析,所评估的绩效就越准确。评估项目的划分是建立评估目标体系的基础。评估目标是衡量评估项目的量和质的尺度,也就是给评估项目中政府公共部门的绩效划分等级。衡量若干个评估项目量和质的尺度就构成了评估目标体系。

总之,政府绩效评估的过程就是划分与选定评估项目、按照划分与选定的评估项目将反映政府公共部门绩效的各类信息与资料进行归类与整理、划分绩效等级、做出评价、公布和使用绩效评估结果的综合过程。在评估过程中应当注意:一是要选择一个适当的评价策略,包括开展以问题为基础的调查、选择评估的时机、评价的影响力等;二是要选择评价工具,包括选择评估方式、审计、经济与效率评论、评价说明、成本-效益分析、成本-效率研究、努力程度评价、执行过程评价、绩效监控、比较案例研究、实验设计、准实验设计、过程分析、设计和使用平衡记分卡等;三是应当重视绩效评估结果的公布,运用具有影响力的评价结果来提高政府公共部门的绩效。

具有影响力的绩效评估结果对政府公共部门有重大的激励作用和监督作用,能够为政策制定者、政府公共部门及其全体职员改进绩效提供有价值的信息与反馈,也为社会公众对不同的政府部门及其提供的服务进行选择提供了依据和参考系数。社会公众就是通过这种选择来监督公共服务的供给的。

（一）CPA 模型

CPA 模型是英国用来综合考查地方政府工作绩效的一种方法，最初的 CPA 考查地方政府的两个关键方面：关键公共服务的表现和它改善的能力。最终的结果把英国的政府划分成了 5 个类别，并在 2002 年进行了公示。

关键公共服务包括了 6 个主要的领域：教育、儿童的社会关照、成人的社会关照、住房、环境、图书馆和社会福利。信息的来源有很多，包括：审计委员会自身、其他检查员和绩效指标。单个服务评估最终合在一起有一个满分为 4 分的总评分。

改善能力被定义为地方政府引导社区和改善服务的能力。它由自我评价和外部评价两方面的评价确定。地方政府首先被要求回答 4 个"简单但是具有挑战性"的问题。

（1）你的目标是什么？——目标，关注点和优先级。

（2）你是如何确定优先级的？——能力，绩效管理。

（3）哪些已经完成了？哪些还没有？——取得的改进，投资。

（4）在已有的经验教训基础上，下一步的计划是什么？——学习，未来的计划。

这一自我评价之后是外部的评估，这一评估是由一个包括一位审计员、检查员以及来自其他地方政府的人员的小组执行的。其结果会形成一个关于地方政府优缺点的详细报告，以及一个满分为4分的评分(见表3-1)。

表3-1 英国政府绩效评估 CPA 模型评分表

得分与评级		核心服务表现			
		1	2	3	4
改进能力	1	差	差	不合格	不适用
	2	差	不合格	合格	良好
	3	差	合格	良好	优秀
	4	不适用	良好	优秀	优秀

后来，为了提升系统的平衡性和避免所有的地方政府评级都是好或者优秀，审计委员会提出了一个更加严格的考核系统。

这一系统与原来的系统在结构上是相似的，但是每一个关键因素都有显著的变化，其结果就是一个远比原来严格的系统。主要的改变在以下两个方面。

(1) 外部评价不再是每年一次，而是每个项目周期一次。虽然考核的次数减少了，但是却变得更严格了，原因如下：

① 需要额外考查地方政府对于与市民和社区有效互动的努力——特别是方法的健全性和影响；

② 衡量地方政府在达成地方和中央政府共同目标上做出的贡献；

③ 衡量地方政府在引导社区、地方合作伙伴和地方机构上的表现。

(2) 年度公共服务评估做了以下修改：

① 将儿童和成人的社会关照合并成了一个板块；

② 去除了服务检查单位之间的联系，更加有效地利用其他可得的信息；

③ 年度的资源利用评估——新系统中最出色的元素是考查地方政府的投入产出比，主要包括是否达到合格的投入产出比以及是否在管理和改善。

当运用CPA方法进行政府就业绩效考核时，能获得以下启示：应将政府就业工作的绩效分为核心服务和改进能力两部分。其中，核心服务包括大学生就业、下岗职工再就业等，考查核心服务的时候，也要注意对于资源管理的考查。改进能力评估的是公共组织从当前状态吸取经验教训并运用于未来工作的能力。从上面的评分系统不难看出，最终的CPA分数不是两个部分的简单加总。要想获得优秀的评级，那么提供就业绩效服务的组织就必须注意它所提供的每一项关键就业服务，使得分的平均值不低于3分，另外要使改进能力的部分平均得分也不低于3分，只有这样才有机会让整体评级为优秀。

(二) STAIR 模型

STAIR(战略—目标—评估—实施—结果)模型是英国政府最先采用的一种绩效评估模型,它的目标是提供一种综合性的提升政府绩效的工具并把政府转化成为所谓"战略导向型"的组织。它回答了以下问题:

(1) 组织使命是什么?

(2) 战略目标是什么,怎么实现?

(3) 如何衡量组织绩效表现?

(4) 组织绩效与期望之间存在差距的原因是什么?

(5) 对于组织绩效表现的反馈如何能够让组织做出改进?

STAIR 模型的基本理念在于绩效表现是战略和绩效评估系统发展的一种表现。尽管存在一些困难,但是它能帮助一个组织明确自己做事的优先级。STAIR 模型的主要好处在于它能够让绩效表现和管理过程联系起来。很多时候一个简单的方法还不足以让一个组织发生转变。STAIR 是一个整体模型,它能够充分感应到外部的机会和威胁,内部的优势和劣势,和所有把投入变成产出的子系统。这一模型的理念可以用下面的回归方程来说明:

$$OP = a + b_1 STA + b_2 I + b_3 R + e$$

其中，因变量 OP 是组织的绩效表现。

自变量有：管理的背景变量 STA——战略/目标/评估；管理投入和过程 I——实施；管理结果和反馈 R——结果；a——截距；b_1，b_2，b_3——回归系数；e——残差。

为了简化，这个模型的思想是：所有层面的战略思考能力、战略性行动和战略性测量都能够提升组织的绩效表现。

STAIR 模型也把重点放在了无形资产的发展上（如员工忠诚度、市民满意度、知识管理），并认为这些也是绩效评估系统的重要元素。也就是说，这个模型让管理者意识到绩效评估是一个多维的概念，它需要在每个层级的每个领域用平衡的一系列指标来衡量。STAIR 不仅仅是评估实践，它还是一个持续的过程，一个可以带来持续改变使组织成功的综合性管理框架。

进行政府就业绩效评估时，可以分为 S、T、A、I、R 五个步骤执行，每个步骤都需要评估的主要责任人一起商讨，但是具体需要多少次商讨应该视情况而定。

1. S——战略：明晰战略，进行战略沟通并达成共识

第一次会议：召集负责就业工作的部门负责人开会，商讨新一年的就业工作目标，如大幅降低失业率、创造大量就业岗位等。参会者就目标进行讨论直到所有的战略细节达成一致。

2. T——目标：把战略转化为具体的目标

第二次会议：单纯的战略还不足以改变工作行为。它必须要转化为有意义的目标和对于行动的评价方式才行。因此，每一个就业工作相关部门都需要把各自领域的需求转化为特定的培训项目，汇总之后再根据不同地区的人数来分配责任，这样做能够在一定程度上保证公平。

对于大幅降低失业率这一战略，这一阶段可以将它转化为"提高大学生10%的就业率"这样的具体目标，然后根据以往每个地区的大学生毕业和就业人数将目标分解下去。

3. A——评估：将目标转化为行动和绩效评估指标

第三次会议：每个部门都已经做好了行动计划，所以接下来可以就绩效指标进行讨论了。会议负责人应该将所有层次的绩效目标进行量化并据此对绩效评估指标达成一致。此外，参会者需要独自评估他们的内在优势和缺陷，估计他们的专业能力，并据此分配技术人员。

4. I——实施：让所有子系统与统一的部门战略一致

第四次会议：在实施的最初阶段，会议负责人要与所有的部门负责人开会就管理行动方案的投入和程序的语言达成一致。会议负责人对STAIR管理和绩效评估系统及其主要内容进行定义和解释。这个活动也是一项学习和自我提高的活动,它能促进战略性思维的提高。

第五次会议：

这次会议的目的是：

（1）制作评估前、评估中和评估后的工作流程图；

（2）针对每一个阶段分析具体流程；

（3）改善流程、标准化流程和每个阶段的要求。

第六次会议：在第一季度的最后会议负责人需要举办一个会议来检查实施阶段的进程,每一个部门都应该准备一个自己行动的评估报告。这个报告中应该包括在特定领域的进程、每一个领域出现的问题、为问题准备的解决方案。

对于就业绩效评估来说,这不仅是耗时最长的一个阶段,也是形成结果最重要的一个阶段。每个地区或者部门不仅要对目标进一步地分解和优化,还要针对目标拿出具体的行动方案来。比如,要想提高大学生5%的就业率,可以采取多办10场政府主导的毕业双选会以及加强政府就业信息平台建设等措施。重要的是在实施方案的过程中随时收集反馈信息,以免最终结果偏离目标。

5. R——结果：根据战略性的和操作性的目标追踪绩效表现

第七次会议：实施阶段的结束标志着绩效管理和评估的开

始。会议负责人需要收集的信息包括最终战略目标的完成情况、目标偏离情况、偏离原因,服务对象的满意度,投入情况。

在这个阶段,提高大学生5%的就业率的目标是否达到就可以知道了。如果没有达到目标,那么就必须分析原因,拿出改进方案。即使达到了目标,也要进行成本-收益分析,看是否有降低投入成本的可能性。

(三) ROAMEF 模型

ROAMEF 循环是英国政府(分析、目标、评估、监督、评估和反馈)中应用范围最广、应用时间最长的绩效评估模型(见表 3-2)。这个模型与 STAIR 模型有很多相似之处,它同样囊括了一个完整评估过程的不同阶段,主要区别在于这个模型增加了一个对于行动方案进行选择的阶段。英国的财政部曾称它是进行政策选择、控制和评估的最佳工具。

表 3-2　英国政府绩效评估 ROAMEF 模型

	规划层面	目标层面	就业绩效评估
规划	衡量整个规划的目标,这个目标与政策目标息息相关。这个阶段可能包含了需求分析和基准设定	一个与项目计划相联系的大致目标。这个目标必须与规划的一个或者所有目标紧密相关	具体到就业绩效评估,那就是根据整体经济、社会和政治需要来确立一个政府就业服务的规划 有了就业工作规划,接下来可以根据规划设定一个具体的目标,如提高1%的就业率

(续表)

	规划层面	目标层面	就业绩效评估
目标	规划的目标决定了为实现目标而进行的一系列活动。目标虽然非常重要，但是它通常被分解为一个个容易实现的小目标。目标的设定必须符合SMART原则（具体、可衡量、可达到、有资源、可规划）	项目目标通常与规划相结合或者服从于整体规划 项目目标决定了项目要如何行动来达到整体目标。项目目标也要符合SMART原则	要想完成就业工作的规划，那么就需要把规划分解成为一个个可以实现的目标。比如，要想完成提高1%就业率的规划，就可以把这一规划分解成提高大学生就业率、提高再就业率等部分
选择	在评估阶段，基本问题和实施方案已经确定 行动研究项目本身就是一种方案评估。这种研究能够说明达到目标需要付出多大的成本	项目的评估阶段包括评价达到规划战略目标的一系列方式，以及项目的参与者和其他利益相关人。它确保了当所有的因素都汇集起来的时候，规划的目标能够实现 一个以报价或者提议形式存在的项目计划应提交到规划部，由规划部或者代理单位对项目进行评价	针对已经分解为小目标的规划，这一步就是对各个行动方案进行评估。比如，提高大学生就业率的方式，包括加强就业教育，促进企业与高校的交流与合作，等等。要对每一种方案的投入、过程和产出进行详细分析

(续表)

	规划层面	目标层面	就业绩效评估
监督	方案的实施包括在规划下面设立项目。规划的监控系统必须到位 监控数据应妥善收集和储存，当收集了足够多的数据时，就可以进入评估阶段	在这个阶段已经做好了前期的准备工作，并且为项目实施准备好了基础数据 实施项目的过程中，对数据进行监控以确保不会偏离目标。既有定量的数据又有定性的数据，这些数据对于进行整个规划的评估也有帮助	方案选定之后，方案执行与监督的方式也就基本确定。接下来就要根据一系列定性和定量数据对于目标完成进度进行监控，一旦出现偏离的情况就要立即做出反应
评估	评估能够发现项目在多大程度上正在完成整个规划的目标。如果进度落后或偏离目标，那么就能采取相应的纠正措施 一旦提交项目成果，就会有一个最终的项目评估。单个项目的评估和总体的最终数据就成为对项目最终结果的描述	自我评估在项目的整个阶段都有涉及。自我评价帮助项目提升其效果、效率、公平性和经济性	一旦一个就业项目开始实施，就必须在整个过程中对数据进行监控。如果项目是年度的，那么至少在每个季度都应该对于项目进度进行评估。一旦出现偏离目标的情况，就必须找到原因

(续表)

	规划层面	目标层面	就业绩效评估
反馈	规划的最终评估可以反馈给规划的最初阶段，并提供什么方案管用，为什么管用，以及相关条件的信息	项目的最终评估可以反馈给项目的最初阶段 这能够帮助规划者决定项目是否应该以现在的形式继续，还是要进行微调	一个就业项目周期结束以后，可以对结果进行分析，重点分析成功或者失败的因素，并据此对下一次的或者其他的就业项目进行调整

ROAMEF循环的价值在于它的系统性：它遵循一个步步为营的逻辑过程。而且，它具备一个反馈机制，这对于从政策实践中学习来说非常重要。这个循环可以是一个一次性的过程，也可以在整个实施过程中分阶段进行。这使得学习过程变成了实施过程的一部分，有利于找到使实施过程不偏离目标的改进措施。

ROAMEF简单而具有逻辑性的原则使它成为一种良好的自我评估的工具，也就是说由项目员工完成评估，而外部的评价者通常负责整个项目的评价。

第三节　政府绩效评估方法

一、目标管理

（一）目标管理的起源

经典管理理论对目标管理（MBO）的定义为：目标管理是以目标为导向，以人为中心，以成果为标准，使组织和个人取得最佳业绩的现代管理方法。目标管理亦称"成果管理"，俗称责任制，是指在企业个体职工的积极参与下，自上而下地确定工作目标，并在工作中实行"自我控制"，自下而上地保证目标实现的一种管理办法。

美国管理大师彼得·德鲁克（Peter F. Drucker）于1954年在其名著《管理的实践》中最先提出了"目标管理"的概念，其后他又提出了"目标管理和自我控制"的主张。德鲁克认为，并不是有了工作才有目标，而是相反，有了目标才能确定每个人的工作。

所以"企业的使命和任务，必须转化为目标"，如果一个领域没有目标，这个领域的工作必然被忽视。因此，管理者应该通过目标对下级进行管理。当组织最高层管理者确定了组织目标后,必须对其进行有效分解,转变成各个部门以及各个人的分目标,管理者根据分目标的完成情况对下级进行考核、评价和奖惩。

目标管理提出以后,便在美国迅速流传。时值第二次世界大战后西方经济由恢复转向迅速发展的时期,企业急需采用新的方法调动员工积极性以提高竞争能力,目标管理的出现可谓应运而生,遂被广泛应用,并很快流传到日本、西欧国家的企业,在世界管理界大行其道。

(二) 改革开放后我国的目标管理

改革开放以后,为调动地方政府的积极性,激发企业活力,一方面我国实施"放权让利"改革,使地方政府和企业拥有经济活动自主权,能够因地制宜地进行经济决策和优化资源配置;另一方面中央政府实施"行政发包"和"属地化管理",通过确定主要目标任务和行政责任,促使地方政府强化政策执行和政绩意识,形成了目标管理责任制模式。

中国特色的目标管理责任制度发端于改革开放之初。1982年劳动人事部下发《关于建立国家行政机关工作人员岗位责任制的通知》,1984年中共中央组织部、劳动人事部又联合下发《关于逐步推行机关工作岗位责任制的通知》,开始在全国推行机关岗位责任制。当时的岗位责任制考核具有探索性质,中央并没有提出具体的管理规范,只是要求各地在试点中总结经验。到20世纪80年代中期,地方政府出现一种叫作"目标管理责任制"的考核形式,它将上级党政组织确立的行政总目标逐次进行分解和细化,形成一套目标和指标体系,以此作为对各级组织进行考评和奖惩的基本依据,并在上下级党政部门之间层层签订"责任书"或"责任状"。

关于目标管理责任制的最早起源,现有文献尚无明确考证。文献中可见的最早研究,是荣敬本、崔之元(1998)对河南省新密市综合目标责任制的考察。1988年,当时的新密县县委决定实施乡镇领导岗位责任制,县委、县政府与乡镇党委书记和乡镇长签订农村工作奖罚兑现责任书。到20世纪90年代中后期,目标管理责任制考核在全国各地快速扩散。它具体表现为:上级政府将确定的经济发展和其他目标任务层层下达,直至最终落实到基层政府及干部身上。由此,各级政府之间形成目标管理责任逐级发包机制,基层党政组织在上级设立的多重目标责任之下运行。

目标管理责任制以政府责任制和部门责任制为主,以专项工作责任制为补充。其中,政府责任制以上级党委、政府为考核主体,以下级党委书记、行政首长为责任人;部门责任制以上级部门为考核主体,以下级部门负责人为责任人;专项工作责任制针对非常规性的专项工作进行考核,如"耕地保护目标责任制""食品安全责任制""减轻农民负担工作目标责任制""安全生产目标管理责任制",其特征大致表现在以下四个方面。

1. 以经济增长为导向

目标管理责任制的任务体系分为量化任务和非量化任务两类。其中,量化任务能够用数字加以明确规定,非量化任务则难以进行量化评估,一般以定性评价为主。目标管理责任制考核一般以量化任务为主,非量化任务通常较少,所占比重也相对较低。在量化指标中,经济增长类指标往往占据绝对优势。在"以经济建设为中心"的基本路线下,各级党委和政府几乎都把经济增长置于优先地位。对于不易测量的非量化任务,即使被纳入目标管理责任制考核,地方政府也很可能将其置于次位考虑。

2. 逐层分解目标任务

目标管理责任制考核首先对上级确立的总目标进行分解和细化,形成具体的指标体系,然后再在层级责任主体之间签订目标责任书,作为对下一级政府或部门进行考评和实施奖惩的依据。一般来讲,中央政府先提出总体目标,然后地方政府根据上级部署逐级下达具体目标任务,一直到乡镇和社区一级。每一级政府在与下级政府（或部门）签订责任书的时候，一般不是将所要完成的目标任务简单地进行分解，而是层层加码，确保超额完成任务。于是，各项指标就这样逐级往下加压，到了基层就可能难以完成。

3. 责任与利益相联系

目标管理责任制以考核为关键环节，将下级完成目标任务的好坏与奖惩相挂钩，形成了一套以"责任—利益"为主要纽带的激励机制。在每一年的年末，上级都要对下级部门的目标责任完成情况进行考核，并根据考核结果做出奖惩安排，岗位责任与经济利益相结合，目标任务和奖罚机制相配套，构建了一种总体性的压力环境。在这一激励下，下级通常会把上级确定的数量上的目标任务视为关键任务，作为履行职责的优先目标选择。

4. 重大任务"一票否决"

目标管理责任制考核一般实行责任目标计分、创造性业绩加分和问题性指标扣分相结合。对于比较重要的"硬指标"，如果未能按要求完成任务，就会被扣分。重大任务如果不能完成则会实行"一票否决"制，不仅该项任务不达标，当事单位的其他工作也失去评优资格，不得参加当年的各类评奖活动。"一票否决"对当事单位主要领导的升迁也会造成影响。从实际应用看,"一票否决"主要集中在重大安全生产事故、集体上访、计划生育、经济增长、环境保护等方面。

(三) 公共部门目标管理的作用

1. 提高组织效率,实现有效管理

目标管理是一种结果式的管理,这种管理迫使组织的每一层次、每个部门以及每个成员首先考虑目标的实现,尽力完成目标。以目标责任制考核为主要形式,注重考核结果,并将考核结果与职务、薪酬挂钩,可以大大提高组织的运作效率。

2. 明确组织目标,解放日常事务

目标管理使组织各级管理者及成员都明确了组织的总目标、组织的结构体系、组织的分工与合作及各自的任务。目标管理明确了各方面的职责,使各级管理者明白,为了完成目标必须给予下级相应的权利,实行分权式的管理,使管理者从繁杂的事务中走出来,知道有所为、有所不为,才能有所作为。

3. 重视目标结果,提供评价标准

目标管理重视目标实现的结果,业绩考核是组织的重要部分,也对其他组织有重要影响,很多组织由于找不到考核的充分依据,只能使业绩考核流于形式。目标管理明确的量化指标以及严格的规则保证了组织成员业绩考核的依据客观、公正,为解决以上问题提供了有效的手段。

(四) 公共就业服务目标管理过程

1. 目标制定

目标是行动的先导,目标质量的高低关系到公共就业服务的成败。目标制定需要从两方面入手:①制定公共就业服务总目标。总目标是就业服务在特定时期欲达到的理想状态或成果,一般由负责就业的高层领导牵头制定并广泛吸收专家学者以及下级管理人员的合理意见。②目标分解。公共部门目标管理强调参与意识、自我管理和自我控制,这就要求按照公共就业服务组织体系将总目标进行横向纵向分解并具体落实到下属各单位各管理者,从而形成部门总目标、单位分目标和个人目标有机统一的目标网络。

2. 目标实施

"制定恰当的目标"是公共就业服务管理的前提条件,而目标的实施则是关键所在。一个好目标只有通过实施才能获得成功,才能真正提高就业服务的绩效。就业服务目标的实施要把握两个方面:适当授权、有效控制。适当授权是指就业部门上级主管领导将部分或全部自由决定权授予下属。有效控制是指监督各项活动确保就业服务目标管理按计划进行并纠正偏差,以实现组织目标和个人目标的整合。

3. 目标考评

目标考评是利用科学的测评方法对目标成果进行实事求是的评价,并依据评价结果采取相应的奖惩措施,以实现责、权、利的统一,并为下一轮目标管理活动奠定坚实的基础。合理的工作绩效考核,直接影响到组织成员的利益,尤其是个人成就感和价值观念。严格进行目标管理体系中的检查和评价,是保证组织目标得以实现的重要手段。

二、标杆绩效评估

(一) 标杆绩效评估简介

标杆管理可以看作全面质量管理中的一个重要部分。它最初由施乐公司在1979年发明,当时是为了解决廉价佳能复印机带来的严重质量和成本问题。如今,标杆管理被广泛应用到了很多大型企业中,包括摩托罗拉、福特等。

标杆最初是测地员用来比较海拔的术语。如今,标杆在管理学中专指最优秀的实践而不是一种标准。坎普1989年对标杆管理的定义是"把自己的产品、服务和实践同最强劲的竞争对手或者行业龙头进行持续比较的过程"。

设立标杆的目的是确立竞争性的目标,从而明确公司的缺陷在哪里并采取改进措施。换句话说,标杆管理的基本理念不是探究别人做得有多好,而是他们怎么做得那么好。事实上一个产品、服务或者生产流程的最佳实践也许不太好找,所以只好选择相对来说比较好或者当地最好的案例来作为标杆。

根据学习目标或标的的不同,可以将标杆管理分为以下三种。

(1)内部性标杆管理。假设组织内某部门的工作流程比其他部门更具绩效,可以将这个部门的做法当作其他部门的标杆。这个最具绩效的部门可以通过组织内部绩效指标的衡量结果来确定。

(2)竞争性标杆管理。这种类型主要是将直接竞争对手的货物、服务以及最重要的流程自身做比较。

(3)功能/通用性标杆管理。这种类型将眼光拉离现存的范围,去考察外部其他组织的运作方式,找出他们成功的关键流程,并尝试将这些最佳典范整合到自身的流程内。它最大的优点在于"跳出框框",能启示组织去获得许多提高绩效的点子。

根据内容不同,标杆管理又可分为产品的标杆管理、战略的标杆管理、最佳实践标杆管理。根据信息搜集方法的不同,还可以分为单向的标杆管理和合作的标杆管理。

可见,标杆管理方法蕴含着科学管理规律的深刻内涵,较好地体现了现代知识管理中追求竞争优势的本质特性，有着巨大的时效性和广泛的适用性。如今，标杆管理已经在库存管理、质量管理、市场营销、成本管理、人力资源管理、新产品开发、企业战略等各个方面得到广泛的应用，并不断拓展着新的应用领域。标杆管理同样也被引进到了研究所管理、教育部门管理、公共部门管理等非营利部门。

(二) 标杆管理的作用

标杆管理和其他管理工具一样，都是在追求营运绩效的改善。标杆管理除了可以与其他管理工具结合互补外，还可以归纳出四个作用。

1. 追求卓越

标杆管理本身所代表的就是一个追求卓越的过程。选择卓越的组织作为标杆，目的便是要效仿它们。

2. 流程再造

标杆管理的另一个重要精神就是针对流程予以再造。标杆管理不同于竞争者分析之处就在于它侧重分析流程，并针对此流程的弱项予以强化。它强调的是追本溯源，去深度思考究竟是流程中哪一部分的差异造成了差距，并积极重新设计流程减小这样的差距，也就是"将焦点放在过程上而不是结果上"。

3. 持续改善

所有管理工具都在寻求提升组织业绩的方法,而标杆管理的另一个特点就在于它特别强调持续改善。它的流程具有循环再生的特性,这个循环的特性说明了标杆管理只有在较长期的架构下,所得到的资讯才更有价值。追求完美的过程是永无止境的,如果将标杆管理的对象视为一个移动的标靶,那就可以理解为何标杆管理是一个持续的过程。

4. 创造优势,塑造核心竞争力

标杆管理有助于组织强化自身的资源基础,形成自身的核心能力,因为标杆管理的重点不仅在于了解标杆组织到底生产了怎样的产品或提供了怎样的服务,更在于了解这项服务是如何提供的,即注重"整体的流程"。如果组织能分析这种最佳运作方式提供的资讯,并且经过内化吸收,成功地将其转换应用到自己的组织内,就可以成功地塑造出自身的核心能力,为组织创造竞争优势。

(三) 公共部门标杆绩效评估的难点

公共部门中的标杆管理与私人部门中的比较相似,但是动机和困难又有不同。私人部门中,标杆管理的目的是争夺市场份额;而在公共部门中,标杆管理是为了在公共部门为了公共利益相互合作的大背景下引入竞争。有意义的竞争只有在产出相同产品或者服务的生产者之间才能实现,所以公共部门中跨部门的标杆并没有那么有指导意义。

也就是说,要想寻找政府就业绩效评估的标杆,就只能根据就业工作这一项指标去寻找成绩优秀的政府或者部门,而不能根据综合绩效或者影响力来寻找标杆。公共部门中的"跨部门"标杆也存在方法上的问题。尽管一个部门能够从地方政府中学到一些创新性的实践经验,但是它没有那么大的自由可以实行相应的改革和程序优化,这就导致公共组织往往和与自己直接相关的政府机构相比较。

对于公共部门来说,最大的困难也许是确定最好的公共服务实践。因为没有简单的诸如人均收益的财务指标,所以很难确定哪个组织能够被称为成功并作为标杆。而政府关于就业工作的指标又是一个非常综合的指标,所以在寻找标杆的时候可以只关注就业工作的某一个小点寻找标杆,如把失业率最低的一个县政府作为标杆就相对容易一些。

但是由于不同政府处于不同的政治经济环境,所以往往地理位置离得越远,差异就越大,标杆的意义也就越小。现实情况往往是一个地方的政府要么选择临近地区就业工作情况出色的政府作为标杆,要么选择与自己有相近管辖人口数量的政府作为标杆。

(四)标杆绩效评估的步骤

标杆管理被视为一种由多个步骤组成的具有结构的管理过程。马特斯和埃文斯(1997)定义了被视为标杆管理研究基础的五个步骤:计划、团队搭建、数据收集、数据分析以及行动。这五个步骤在应用到具体场景时具有很强的可塑性。

布塔和哈克(1999)后来轻微改动了原始的步骤,他们把数据收集和分析合在了一起,并且加上了一个步骤。加上的这个步骤位于团队搭建之后,主要内容是寻找合适的标杆,并且他们使标杆管理过程形成了一个环形模型。

标杆管理也并非只能是这五步,不同的组织可以根据自己的情况对这个过程进行调整。但不管有多大的变化,总有三个关键步骤是不能省略的:第一个步骤是寻找最佳标杆的指标数据,包括成本、生产力和质量;第二步是考察标杆单位是如何达到它的绩效水平的;第三步是根据所得信息来设计实施计划。

也就是说,用标杆管理方法来进行就业绩效评估与改进,首先要确定自己想要对标的数据,如就业率。然后,根据就业率的数据寻找表现最佳的地方政府。由于不同地方的政治经济环境不同,最好选择从一个地理位置上来说较近的标杆,这可以在一定程度上规避掉地区之间的差异性问题。另外一个重要的标准就是人口数量,人口数量不同,面临的问题的复杂程度也大有不同。

另外,标杆管理过程必须被视为一个循环的过程。运用标杆管理的组织必须时刻观察改进的成效并观察标杆企业的动向。这是一个永不停息的发现和学习的过程,它使得最优实践和绩效能够成为组织当前活动的一部分从而提升效益和效率。因此,也可以说标杆管理是遵从 PDCA 循环的,即计划(plan)、实施(do)、检查(check)、行动(act)。计划阶段关注不同的策略,如标杆管理的过程和功能。在实施阶段,组织参照既有计划对自我表现进行探究,并且收集标杆组织的数据。检查阶段是对标杆组织和自身的情况进行比较。行动阶段则开始缩小负面差距或保持正面差距的行动。

具体到就业绩效评估上,计划阶段要做的就是选择自己想要对标的数据,如失业率,并且选择要对标的政府或部门。实施阶段,组织不仅要收集自身和标杆组织的失业率数据,而且要深入考察双方为了降低失业率做出了哪些努力。双方的努力既可能存在数量上的差距,如标杆组织投入了 1 000 万的专项资金,而自己只投入了 500 万;也可能存在质量上的差距,如标杆组织的就业政策由政策实施小组专项负责,落到了实处。检查阶段要着重将双方的数据及产生结果的过程进行对比分析,找出双方的差距所在。行动阶段则意味着采取行动缩小双方的失业率差距。只有经过整个 PDCA 的循环才有可能真正缩小自己与标杆之间的差距。

三、平衡计分卡

(一) 平衡计分卡简介

平衡计分卡(Balanced Score Card，BSC)是 20 世纪 90 年代哈佛商学院的罗伯特·S.卡普兰(Robert S. Kaplan)教授和诺朗诺顿研究所所长大卫·P.诺顿(David P. Norton)在总结了十二家大型企业业绩评价体系成功经验的基础上提出的。平衡计分卡(BSC)是一套能使组织明确其愿景和战略，并将其转化为行动的管理系统。它提供内部流程和外部成果的反馈，使持续改进战略绩效成为可能。

平衡计分卡是一种以信息为基础的管理工具，分析哪些是完成企业使命的关键成功因素以及评价这些关键成功因素的项目，并不断检查审核这一过程，以把握绩效评估促使企业完成目标。平衡计分卡是把企业及其内部各部门的任务和决策转化为多样的、相互联系的目标，然后再把目标分解成多项指标的多元业绩评价系统，BSC 为企业管理人员提供了一个全面的框架，它从财务、客户、内部经营过程和学习与成长四个方面把企业的使命和战略转变为目标和衡量方法，以及响应的行动方案,从而保证企业战略的有效落地。

平衡计分卡使经营者以企业战略目标为出发点,从最关键的四个方面来考核业绩。

(1) 财务角度:涵盖了传统的绩效评估要素,评价目的在于有效掌握企业的短期盈利状况。财务指标尽管具有局限性但能显示已经采取的行动的容易计量的结果。财务目标显示企业的战略及其实施和执行能为最终经营结果的改善做出贡献的程度。

(2) 顾客角度:现代企业的竞争立足于服务顾客、满足顾客、帮助顾客实现其价值取向,因此企业的经营战略应以顾客和市场为导向,确定应为顾客和市场提供的价值,并据此确定相应的评价要素来衡量顾客层面的绩效。平衡计分卡要求从顾客的角度来确认与顾客相关的目标与评价要素,因此市场占有率、顾客获得率以及顾客的满意度是衡量该层面绩效的重要评价要素,它们反映了企业在市场中为顾客提供价值的大小。

(3) 内部角度:内部经营过程衡量方法重视的是对客户满意程度和实现组织财务目标影响最大的那些内部过程。为了达到顾客的要求,企业在其内部的业务流程、决策与行动上应有良好的表现,具备一定的市场竞争能力,并最终通过向顾客提供相应的产品和服务来满足现有和未来目标客户的需求。平衡计分卡要求企业必须从它的整体经营战略出发对其业务流程进行分析,找出其核心环节并提高其能力使之能够为顾客提供较高的战略价值。

(4) 创新和学习角度:强调企业为保持其竞争能力与未来发展,企业管理层和员工应寻求学习与成长的机会。学习和创新能力是企业在财务层面、顾客层面以及内部层面取得较高绩效水平的驱动力,对其进行评价的目的在于反映企业是否具有继续改进和创造未来价值的能力。

(二) BSC 工具的价值和特点

平衡计分卡能够让公司厘清远景和战略目标,同时将它们转化为行动,一旦它们被完全地实施和运用,平衡计分卡将会把战略计划转变为企业的神经中枢。BSC 工具的特点在于:

(1) 对企业的使命和战略予以阐明和实施;

(2) 传播战略目标和衡量(评估)方法;

(3) 把战略目标、业绩评估和奖惩制度联系起来;

(4) 把战略方向与制定计划、确定目标联系起来;

(5) 加强战略反馈和有战略意义的审查讨论与学习。

(三) 在公共部门应用平衡计分卡的挑战与调整

平衡计分卡最初只在私人部门使用。后来,随着它的发展,非营利性组织和公共部门也开始使用这个工具。之所以这样,是因为公共部门受到了很多来自内部或者外部的压力要求提升他们的绩效水平。在1990—2010年期间,有18%的论文都是研究平衡计分卡在公共部门中的应用的。

尽管平衡计分卡在公共部门中的应用正在普及,但是它也遇到了挑战。这是因为平衡计分卡的目标从为股东负责转向了对市民负责。因此,财务不再是它的目标之一,而是变成了一个约束条件,所以,公共部门必须重新设计平衡计分卡的战略框架,这个战略框架必须把组织的社会影响和目标而不是金钱收入当作最终的目标。

当把平衡计分卡应用于就业绩效评估这一领域的时候必须要认识到,财务并不是要达到的最终目标,相反改善民众的就业数量和质量(顾客角度)才是最终目标。要达到这个目标虽然需要资金投入,但是这只能成为一个约束条件,过于关注成本约束很有可能影响最终目标的实现。

卡普兰认为平衡计分卡很容易就可以运用到公共部门中去,这只需要对顾客视角进行扩展并把它放在战略地图的顶层。另外值得一提的是,非营利部门的社会影响可能需要很多年才能影响到利益相关者,所以应该设计一些短、中期的目标,这么做可以把所有利益相关者的反馈融入绩效评估中以增加对于过程的控制。

(四) 平衡计分卡在公共部门绩效评估中的应用

尽管平衡计分卡有种种好处,但在实际应用中遇到的阻碍也不少。为了使BSC的全部潜力得到发挥,应该重视影响它发挥的所有有利及有害因素。

1. 成功应用BSC的有利因素

(1) 在实施之前有多方参与的决策过程。在就业绩效评估中应用BSC的时候要让评估主体、评估客体负责人、基层政府工作人员以及民众代表充分讨论,讨论的内容包括整个就业绩效评估的目的、对不同层次人员的要求以及对民众的好处等。

(2) 从其他BSC实行组织的实践中吸取经验教训。由于目前在公共部门实行BSC的实践还比较少,所以这一步也可以收集一些因为缺乏战略支持使得就业绩效评估失败的案例。

(3) 有力的管理支持和充足的行动资源。BSC的实施需要各个利益相关者的支持。其中,考核主体需要在具体应用BSC之前细化所有的实施步骤并与考核客体达成一致,而上级部门需要在此基础上为就业绩效考核提供充足的行政资源。

(4) 对BSC模型进行修改使得它符合组织的背景和战略。当进行就业绩效评估时,将"顾客角度"变为"民众角度"就是一个简单的修改,另外由于财务角度此时已经变成一个约束条件,可以根据组织的预算来选择具体的提升就业服务方案。

（5）不断地"干中学"，实施后回顾。应用BSC时非常重要的一点就是要注意创新与学习。虽然政府面临的环境不如企业的复杂多变，但未来同样是不可预测的。这就需要政府不断从就业绩效评估的实践中总结经验教训，提高学习创新能力，把当前成绩和未来潜力联系起来。

2. 影响BSC应用的有害因素

（1）缺乏一致的战略方向可能成为应用BSC的大问题。由于BSC的设计必须来源于战略，它的有效实施就依赖于组织的战略导向。这就要求公共部门的管理者们能够充分交流，使他们的行动能够产生关键的战略结果。BSC的战略管理潜能在这里也就发挥出来了。

（2）根据组织的背景对BSC进行修改是必要的，但同时这也是一个非常具有挑战性的任务。主要的难点在于确定BSC应该包含哪些视角和根据组织活动的复杂性设计一套合理的可管理的KPI体系（关键业绩指标，Key Performance Indicator）。因此，组织最好从已经根据部门特点修改过的BSC模版开始，而不是运用BSC的最初模版。这样，BSC的使用者就不是在以一种商业化的方式运用BSC。另外，也有必要借鉴其他公共部门的BSC模型。

（3）公共部门在运用BSC时往往没有注意它的因果逻辑。

尽管BSC的不同视角之间存在非常关键的因果逻辑链条，但也有学者指出这些因果关系并不一定适用于所有的组织。为了纠正错误的逻辑链条，一些学者建议组织应该在得到足够的数据之后对这些因果关系进行验证以防止错误使用BSC。

（五）构建基于平衡计分卡的政府绩效管理体系

平衡计分卡最初是针对企业组织设计开发的，后来逐渐应用于公共部门中。卡普兰和诺顿认为："虽然平衡计分卡最初的焦点和运用是改善营利性企业的管理，但是平衡计分卡在改善政府部门和非营利性组织的管理上，效果更好。"同时两人还指出："衡量政府机构和非营利性组织的经营是否成功，应视其能否有效地满足纳税人和利益相关者的要求，他们必须为客户或利益相关者定义一个具体的目标。财务因素可以发挥促进或约束的作用，但是很少成为主要的目标。"保罗·尼文对卡普兰和诺顿的观点表示了赞同，他认为，当平衡计分卡框架被应用于公共组织时，确定战略、顾客、财务、内部业务流程、学习与成长等方面的具体内容时都要围绕公共组织的特点进行，充分体现公共组织的非营利性。与企业追求利润最大化的目的不同，政府组织的最终目的是公共利益最大化，这是两者的根本区别所在。这一区别在平衡计分卡通用模型中的体现就是，政府组织的财务层面不再作为最终绩效结果摆放在图卡的顶端位置,而应该根据不同类型政府组织在财务职责上的差异对其加以调整。具体来说,凡是不承担财税创收任务的行政组织应将财务层面调整到学习与成长层面的底端,使其作为一种驱动因素,对组织绩效结果形成支撑(如图3-1的框架一所示)。一般来说,大部分政府职能部门都不承担财税创收任务。相对而言,凡是承担财税创收任务的行政组织则应将财务层面调整到与客户层面并列位置,以便作为一种预期的绩效结果取得内部业务流程层面和学习与成长层面中有关驱动因素的支撑(如图3-1框架二所示)。此外,由于政府组织与企业组织所面临的"客户"内涵不同,为

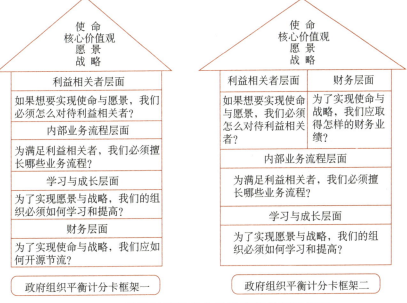

图 3-1 基于平衡计分卡的政府绩效管理框架

了更贴近政府工作的实际,修订的通用模型将原来的客户层面调整为利益相关者层面。

四、全面质量管理

(一) 质量管理的发展阶段

质量管理的产生和发展走过了漫长的道路,可以说是源远流长。

人类历史上自有商品生产以来,就开始了以商品的成品检验为主的质量管理方法。根据历史文献记载,我国早在 2 400 多年以前,就已有了青铜制刀枪武器的质量检验制度。

随着社会生产力的发展,来源于传统手工业的质量检验管理引入了数理统计方法和其他工具,从此进入"统计质量管理"阶段;后来质量管理与系统工程结合又迈进了"全面质量管理"阶段;进而逐步完善并从管理科学体系中脱颖而出,派生成"质量管理工程"。

(二) 全面质量管理(TQM)的两个重要理念与政府绩效评估的互动关系

E.索特尼(E. Soltany)根据众多的研究对质量管理的理念进行了总结和定义,认为TQM最关键的两个理念是以顾客为导向,对可能发生的错误进行预防。

以顾客为导向的观点贯穿了质量管理专家们的研究著作。罗伯特·E.科尔(Robert E. Cole)提出,仅仅满足顾客的需求是不够的,应在顾客意识到他们的需求之前预测顾客的需求。这个观点是TQM以顾客为中心的理念上的转折点。阿梅德(Ahmed)进一步将其归纳为TQM最终的目标就是获得更高的顾客满意水平。

TQM理念的另一个重要方面是预防错误的发生。卡迪(Cardy)认为,TQM的观点强调将检验看作工作过程的一个部分,而不是单独的事后检验。戴明认为独立的检验工作无法检测出系统的问题。要贯彻预防为主的原则,就必须对质量形成的全过程设定规范的操作标准并制定详细的预防措施。预防的原则不排斥终端检验,要做到防检结合,以防为主。

对于政府而言,顾客就是政府管理和服务的对象——企业和社会个人,即"公众"就是"顾客"。"公众满意"是一个以公众为主体、为核心,以公众感受为评价标准的概念,体现了"顾客导向"理念,是我国具体国情下的概念。

坚持以公众满意为导向开展政府绩效评估活动,能获取事半功倍的效果,不仅提高政府绩效,公众满意度也得到显著提升。除此之外,还能使政府绩效提高与公众满意度提升之间的关系步入良性循环轨道,两者互相依赖,互相促进。两者的互动关系如图 3-2 所示。

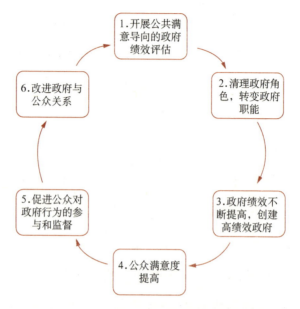

图 3-2　基于 TQM 的政府绩效管理流程

以公众满意为导向开展政府绩效评估,要求根据我国市场经济和社会发展需要确定政府职能,并重构政府职能结构体系,促进政府职能结构转变,有助于政府真正服务于市场、服务于社会,扭转转型时期因政府角色冲突、自利倾向而造成的职能错位和短期行为,不断提高管理服务水平,切实提高政府绩效。政府绩效的提高,能使公众满意度相应提高,促进公众对政府行为的参与和监督。以公众满意为导向开展的绩效评估过程透明、信息公开,公众在参与活动中能更全面地了解政府及其活动,做出客观的评定并进行监督。当政府公开整改结果,展示改善后的工作业绩时,公众看到自己的参与所发挥的效果,能进一步提高公众参与的积极性。与此同时,政府接受公众的要求和批评能更全面地了解公众,更好地提供公众需要的服务。政府与社会的关系得以改进,政府的政治合法性相应提高。

坚持防控思想开展的政府绩效评估是根据对管理的效率、能力、服务质量、公共责任和社会公众满意程度等方面的判断,对政府公共部门管理过程中投入、产出、中期成果和最终成果所反映的绩效进行评定和划分等级,是对政府行政行为的监控以及公众意志的尊重。同时质量管理的重点从终端检验(执行情况)把关转到过程预防,转到计划、组织、决策上来。这不仅可以做到防患于未然,克服终端执行的"先天不足",而且可以减少许多因质量问题而产生的不必要的浪费,最终使防控更深入人心。

以预防为主思想开展的政府绩效评估要求全方位评估,过程系统有序,全员参与,一切决策建立在数据和信息分析的基础上,以此查明实际的或潜在的质量问题,预防和控制质量问题的产生,提高政府的行政水平,并通过追求持续改进,不断地发现问题和提出问题,提出改进方向和目标,深化、改进预防理念,包括质量意识、问题意识和改进意识三个方面的内容。

（三）完善我国 TQM 下政府绩效评估的制度建议

1. 实现法制化和规范化

借鉴美国、英国等发达国家的经验和做法，加强政府绩效评估方面的立法工作，改善当今我国国家行政机关和工作人员绩效考评的实体规定空洞、缺乏集体程序的情况，尽快赋予政府绩效评估明确的法律依据。同时，健全绩效管理机制，特别是要将质量管理机制引入我国政府管理，在政府部门中大力推进全面质量管理、ISO9000 质量管理体系和卓越绩效评价准则，尽快使绩效评估从一种活动上升为一种科学的机制，通过科学正确的评估，提高政府的责任感、使命感和办事能力。

2. 围绕重点问题开展绩效评估

"要重视社会发展和改善民生。坚持以人为本，促进社会事业加快发展，积极解决人民群众最关心、最直接、最现实的利益问题，维护社会公平正义，让全体人民共享改革发展成果"，是今后工作的重要风向标。目前食品药品安全、医疗服务、教育收费、居民住房、收入分配、社会治安、安全生产等涉及人民群众利益的问题解决得不够好，土地征收征用、房屋拆迁、企业改制、环境污染等损害群众利益的问题仍未能根本解决。当前和今后一段时间，政府各级部门应聚焦于这些迫切需要解决的关键和热点问题、领域开展绩效评估，尽快建立起以公众对政府提供的公共产品和公共服务是否满意和认可为导向的绩效考核体系。

3. 建立健全的信息系统和反馈系统

加强公共部门评估信息系统建设,构建完备、有效的公共部门活动状况机制和公众意愿的反馈机制,是使评估准确、科学、高效的必然要求。为此应该实施以下措施:①确保实施绩效评估的政府机构的工作独立性,并设立专门的检查机构,监督统计部门实施评估的过程,并由公证部门对评估结果进行公证,最后再将评估结果反馈给相关人员;②利用现代网络和信息技术,推进电子政务建设,设计出适合我国国情的政府绩效评估系统软件,把客观结果与主观结果结合起来进行定性和定量分析,得到绩效评估的最终结果;③保证信息传递网络的畅通,加强公共部门组织机构的调整,缩短各部门、组织的信息沟通链条,这样就可以在第一时间把评估结果反馈给各个有关方面。

4. 政府绩效评估的主体多元化并兼顾专业化

全方位的评估和多元化的评估主体能够有效地避免政府绩效评估中评估主体的主观倾向性造成的某些弊端,保证政府绩效评估的客观性和公正性,不断促进政府完善自身的制度和行为,彰显出民主的理念,增强公众对政府的认同和信任。目前,我国政府的绩效评估应当采取这种360度全方位的评估方式,它能通过多层次、多渠道、多元化的评估主体,逐步建立多重评估机制。

但同时也需要有专门的机构或部门来组织这些工作,使之有步骤地进行,将分散得到的评估结果通过信息系统做好统计工作,然后再将这些最终的评估结果反馈给相关部门,做好督促改进的监督工作。所以,必须做好绩效评估专门人才的培训工作。政府绩效评估是一个复杂的过程,同时,绩效评估的理论知识和目标体系也需要不断创新,与时俱进。只有从事这项工作的人员理论提高了,素质提高了,觉悟提高了,才能保证这项工作有条不紊地进行,才能保证绩效评估过程公开透明,评估结果准确可靠。

五、项目等级评价体系

为了将绩效与预算决策正式统一起来,美国联邦政府引入了项目评价体系(Program Assessment Rating Tool, PART),以实现客观、透明地评价政府项目的目的。PART设计了一系列问题,通过评价项目的目的及设计、战略规划、管理、成果和责任,确定它的整体有效性。PART通过考察各个项目结果,确定联邦项目的利弊之处,从而为各项决策提供依据,以确保项目取得积极的效果。PART由近30个问题组成(问题数根据项目类型的不同而不同),前三个部分集中于项目目标、战略规划编制和管理,采用"是/否"的表格形式,同时提供一个简短的叙述性解释和相关的证据来支持答案,答案必须以事实为依据。"是"表示整体绩效的潜在高水平,"否"表示没有足够的证据,或是项目没有取得应有的绩效。

表3-3对PART的四个部分进行简单的说明,并列举了获得高分和低分的项目名称。

表3-3 美国政府项目等级评价体系

部分	描述	低分例子	高分例子
项目目的和设计	项目设计得是否合理,目的是否清楚	能源部的先进技术项目——不是必需的,私人部门也可以进行类似研究	卫生和福利部的卫生中心——项目目的清晰,相关利益集团普遍赞成
战略规划	是否为该项目制定了适当的年目标和长期目标	司法部的犯罪控制项目——没有以成效为导向的长远目标及年目标	能源部国家核安全管理局基础设施项目——10年期综合项目,并根据轻重缓急安排进程
项目管理	评价项目的管理制度,包括财务监督、项目执行情况	能源部天然气能源开发生产——没有制定一套跟踪成本、时间进度和绩效的完整制度	社会保障局追加老年人收入的保障项目——严格的财务管理和责任制,可以跟踪发生的全部费用
项目成果	根据战略规划部分设定的目标及其他方面的评价来确定项目绩效	全国毒品控制政策办公室的反毒宣传活动——无法证实媒体宣传对青少年的吸毒有直接影响	商业部的国家气象局——提高了天气预报的精确性和及时性

每一部分都设计了一系列问题以取得项目绩效的相关信息(见表3-4),每个问题有各自的权重,并可以根据与特定项目的相关程度调整权重值,以便更准确地突出项目的关键因素。为了防止对总分的操纵,应在回答问题前调整权重。"不适合"代表该问题与项目无关,这一回答要求有适当的解释。

表3-4 项目等级评价体系各部分关键问题

每个项目的关键问题	描 述
项目目的清楚吗? 项目的设计是否是为了解决特定的事件、问题或需求? 该项目的设计对于解决特定的事件、问题、需求有重要影响吗? 在解决特定的事件、问题、需求时该项目是否有独一无二的作用?(例如,考虑到联邦、州、地方及私营的努力来说,该项目不是多余的) 对于解决国家事件、问题、需求等该项目的设计是否最理想?	这部分考察项目目的的明确性以及项目是如何设计的,也评价那些不是项目或机构可以直接控制但影响项目或机构的相关因素,如立法因素、市场因素。明确项目目的对于制定项目目标、确定重点和项目管理是至关重要的。证实资料来源于法律的批准、机构的战略计划、年绩效计划和其他报告。答案的选择是:是、否、不适用。
该项目有一系列特定的长远绩效目标,这些目标以成果为导向,能从整体上体现该项目的用意吗? 该项目有有限个年绩效目标。这些目标是为了实现长期目标吗? 所有组成人员(受让者、间接受让者、合约者等)的工作都支持年目标和长期目标,支持项目规划吗? 该项目能和其他具有类似目标的相关项目有效协调吗? 是否定期进行独立客观的、充分的评	这部分集中于项目的规划、资源配置及优先安排等问题,关键是评价项目是否采用了适当的绩效衡量指标,设定了有限的、远大而实际的目标。如果没有恰当的衡量办法,一个项目不可能证明它取得了应有的成果。这部分还评价项目执行是否具备灵活的性能,根据绩效情况进行调整,定期监控也是该部分的重要内容。证实资

(续表)

每个项目的关键问题	描 述
价,弥补绩效信息的不足,这些评价足以支持项目的改进并有助于评价效果? 项目预算是否与项目目标统一起来,容易取得有关信息,知道资金、政策及法律变化对项目绩效的影响? 项目中是否采取了有效的措施以应对战略规划的不足?	料来源于战略规划文件、机构绩效计划和报告、项目参与者的提交报告、评估计划、预算文件等。答案的选择是:是、否、不适用。
机构是否定期收集及时可靠的信息(包括项目关键组成人员的信息资料),并利用这些信息管理项目、提高绩效? 项目负责人和项目组成人员是否对成本、时间进度、绩效结果负责? 所有的资金是否妥当管理并用于预期目的? 项目执行中,是否有相应的激励机制及程序以衡量和提高效率、成本效益,如竞争机制、成本比较、信息科技(IT)改进?	这部分评价机构能否证明其项目得到有效管理,以达到项目目标。关键点是财务管理、项目进展评价、绩效资料收集和项目负责人的责任。这部分的证实资料相当广泛,主要有财务报表、审计报告、绩效计划、预算执行资料、IT计划和独立项目评价。可供选择的答案是:是、否、不适用。
项目在实现其长期成果目标中是否取得了相当的进展? 项目是否达到每年的绩效目标? 每年在实现年目标的过程中,项目的效率及效益是否得到改进? 与其他具有类似目的的项目相比,该项目是否表现出更好的绩效? 该项目的独立评价是否表明该项目是有效的并能取得成果?	这部分极其重要,它评价项目能否达到其长期目标及年目标。一般来说,一个项目如果没有建立适当的标准及目标,就很难证明这一点。同时,它还评价与其他项目相比该项目的长处及成效。证实资料主要是年绩效报告、评估报告和其他文件及近期相关资料。可供选择的答案是:是、大程度、小程度、否。

第四节　政府绩效评估指标体系构建

一、政府绩效评估指标体系构建的依据

根据政府部门的自身特性与运作模式，政府绩效评估的依据可以从管理职能、服务绩效、公众满意度三个维度来划分。

（一）管理职能依据

以管理职能为依据确定政府绩效评估指标体系，是指评估管理主体依据宪法和行政法规赋予的国家管理职能和公共权力，依法行政的结果。它有助于检验政府是否完全按质按量履行了它的管理职能，来提高政府的效率、能力、服务质量和公共责任。以管理职能为依据确定政府绩效评估指标真实地体现了政府绩效评估以结果为本的管理本质。在社会主义市场经济条件下，我国政府正逐步从过去的"无所不能"向"有限责任"转变，更多地强调向社会提供公共服务，满足社会的公共需求。强调政府在市场经济中要做到有所为有所不为，主要通过政策服务等手段进行宏观调控，简化行政审批，强化

宏观管理职能,弱化微观管理职能,将该由社会组织行使的管理职能转交给社会组织,使市场和政府各自处在一个适当的位置。我们在设计绩效考评指标体系时,要充分考虑转变政府管理职能的要求,把握好绩效的标准问题——主要指标必须是履行政府管理职能时创造的绩效,不能把全社会各种组织特别是需要企业和市场发挥作用的项目和指标,再全部背在自己身上。管理职能的维度可以从政治、经济、社会三个方面来衡量。

1. 政治维度

政治维度是公共行政部门绩效评估的一个基本维度,这是由公共行政部门的自身特性所决定的。同私人组织相比,公共行政部门肩负了大众授予的权力,承担着相应的责任。公共行政部门所肩负的神圣使命决定了其必须能够证明自身在政治维度上的正当性,否则绩效无从说起。政治维度的考核评估主要包含以下四项内容:①合法性,合法性是指大众对权威自愿认可的状况。公共行政部门的合法性是一个决定其存在与否的支点性问题。②监督机制,要确保公共权力不异化为个人投机资本,建立科学的监督机制是不可或缺的。③回应性,政府的回应性必须基于"代表性""政治回应""责任"等。随着我国市场经济的不断向前发展,公民的需求日益多样化,公共行政部门必须认识到"考虑用户的利益和服务的质量有助于公共部门主管关注他们所负责的政府事务的运行情况"。为人民服务是我国政府的基本宗旨,增加政府的回应性,及时了解公众的需求并努力提供"无缝隙服务"。④程序公正规范性。对程序的把握主要可以从程序的建构状况,程序的遵守状况,违反程序的责任追究机制三个方面进行。

2. 经济维度

经济维度也是政府绩效评估不可忽视的根本维度。公共行政部门在现代社会经济运行中的价值是极为重要的。从经济维度对公共行政部门的绩效进行评估是最为常见的。政府运营的经济基础主要来源于国家财政拨付,政府的管理费用增加、行政成本高昂将势必对社会经济发展造成负面影响。因而,"花费少,办事好"的廉价政府是我国所需要的。

3. 社会维度

社会绩效是经济发展基础上社会的全面进步,包括人们的生活水平和生活质量普遍改善和提高;社会公共产品供应及时到位;社会治安状况良好,社会群体、民族之间和谐相处,没有明显的对抗和尖锐的冲突。社会绩效是政府绩效体系中的价值目标,社会全面进步是社会绩效的主要内容。没有社会绩效,经济绩效就没有实现的意义和价值,政治绩效会失去社会基础。

(二) 服务绩效依据

政府提供的服务称为政府服务,政府服务是公共服务的一种,政府是提供公共服务的主体之一。公共服务是以公共利益为目的提供各种物品(包括有形物和无形物)的活动。需要说明的是,公共服务与政府的管理职能是有区别的,公共服务是使公众受益的活动,出发点是公共利益,只要是公共利益的需求,可以不问管理职能和物品的性质。例如,救助艾滋病孤儿、救助弱势群体时提供的都是可以用市场机制购买的物品,如食品、药品等,因为他们的生存状态关系到公共利益和社会稳定,所以提供这些物品就属于公共服务。服务绩效(service performance)是指公共服务和公共产品供给过程中的输入与输出、实际取得的中期成果与最终成果和实际产生的社会效果,它包括量和质两个方面。绩效的量体现了对政府效率的要求;绩效的质体现了对政府活动的社会效果的要求,政府须对社会公众负责。这两方面都是政府绩效不可或缺的,它充分体现了绩效管理以"结果为本"的管理特征。这种结果管理就是为了保证社会公众谋求的"结果"能够实现。美国1993年的《政府绩效与结果法案》(Government

Performance and Results Acts of 1993)就是为实现这一目的而订立的。因此,服务绩效是政府绩效评估最重要、最客观的维度。

(三) 公众满意度依据

公众满意度(level of satisfaction)是指社会公众对政府所提供的各类公共服务和公共产品、所进行的各类政府活动的相对满意程度。公众满意度作为政府绩效评估的依据主要体现在两个方面:一是这种满足的程度是相对的。这种满足的程度可划分为满意、比较满意、比较不满意、不满意等。同时,处于不同满足程度层次上的社会公众的人数也是相对的。二是政府活动过程中如何对待和处理社会公众的抱怨的问题。这个问题与社会公众的满意度密切相关。政府是否建立了与社会公众进行信息交流与沟通的渠道和机制、是否及时解答和处理社会公众的抱怨、解答的态度与次数、对抱怨解决和处理的程度等都是社会公众对政府予以监督的重要一环,都应作为绩效评估体系的重要系数。

二、政府绩效评估指标类型

一般来说,政府绩效评估的指标体系可以分成三个层级架构,或者称为三级指标体系:一级指标即评估纬度,评估纬度关注评估的战略思路和战略理念;二级指标也叫作基本指标,侧重评估的策略目标,关注组织内的职能结构;三级指标也被称为具体指标,三级指标结构复杂,角度多变,本文所说的指标设计的类型和方法主要指的是三级指标的设定。

广义上来说,具体指标又可以分为以下三种类型。

1. 要素指标

这种类型的指标以定性指标为主。用"要素"这个词来表述意在说明这种指标是基本指标的一个构成部分,同时,"要素"这个词也含蓄地说明这种指标只是为基本指标提供评估视角和评估背景,提供一种参考对照。也就是说,要素指标只是为评估者在把握评估尺度和程度方面提供一种范围与内容的参照。不同的评估者,面对同样的评估对象、评估材料,参照同样的要素指标,会有不同的主观感受,在成绩评定方面,会有不同的定格方式。要素指标在评估的刚性程度和客观性方面,显然不如量化指标。要素指标在评估方式上有局限性,但是,要素指标在评估过程中又是不可缺少的。

一个完整的绩效评估指标体系,应该是定性指标和定量指标相结合。我们强调定量指标的重要性,以此提高绩效评估的客观性和科学性。但是,即使是企业绩效评估的指标设定,也不可能完全采用定量化的方式。政府部门的绩效评估就更不能简单地撇开定性指标了。政府部门为社会提供公共服务,公共产品具有产品形态特殊、产品价格缺失、产品要素独特的特点,相当一部分公共服务难以简单计量,相当一部分政府的管理绩效只能用定性的方式加以确定。"定性方法在项目设计中起决定作用,是一种重要的检测项目的手段。"

要素指标适用于通用型的评估模块,当然,要素指标也要根据政府的不同层级、不同部门和不同行业,有针对性地设计,体现特色。例如,设计公安部门通用型的绩效评估,在综合评估主体方面,组织建设基本指标可以采用班子团结、素质标准、管理规范、战斗力、凝聚力等作为要素指标;制度建设基本指标可以选择内务管理制度、警务公开制度等作为要素指标;思想建设基本指标可以考虑学习教育、争先创优、精神文明、职业道德等作为要素指标;作风建设基本指标可以将遵纪守法、廉洁奉公、勤政为民、诚实守信作为要素指标;法治建设基本指标可以选用严格执法、公正办案、程序规范、认真负责、及时无误等作为基本指标。

2. 证据指标

所谓证据指标,就是反映具有导向性、发展性特征,同时又具有不确定性特征的工作业绩内容。证据指标以自我评估为主,由评估对象按照评估基本指标的设计要求自行提供,评估主体可以根据掌握的情况进行多种形式的审核。例如,在弘扬节约型社会的背景下,倡导节约型政府意义重大,节约行政成本应该成为一项基本指标,可以由评估对象自行提供具体的节约举措。如何塑造政府形象也是一个焦点问题,可以将社会美誉评价作为一项基本指标,评估对象如果有群众赠送锦旗、媒体正面报道之类的事实,就可以作为具体的证据指标填写进去。

近年来,欧洲行政学院正在大力推广公共部门的通用评估框架(Common Assessment Framework,CAF)。CAF模型主要源自欧洲质量管理基金会的"卓越模型",内容模块之间有着很强的内在逻辑性。运用CAF模型的目的和宗旨在于"通过组织的自我评估和诊断,促进组织的学习和改进",即"学习了解自身组织状况、运行方式和管理行为,致力于过程变革和改进的目标",不断提高公共部门自身的管理水平和管理质量。CAF模型包括了促进(enablers)和结果(results)两大要素,共9大标准(criterion),其中领导力、人力资源管理、战略与规划、伙伴关系和资源、流程与变革管理属于促进要素;员工结果、顾客/公民结果、社会结果和关键绩效结果属于结果要素。9大指标下又包括27个次级指标(sub-criterion)。

这些标准指出了组织评估时必须考虑的主要问题。欧洲行政学院和我国国家行政学院有一个合作项目,目的是在中国推广CAF模型,目前,已确定了几个试点单位。CAF模型以自我评估为主,也许,这种评估方式在中国试行会遇到挑战,2005年10月,在厦门市举办的中欧公共部门绩效评估国际研讨会上,就有学者和实践工作者敏锐地提出了这个问题。CAF模型并没有直接设置三级指标,三级指标是在评估的具体实施过程中由评估对象自行完成的。厦门市思明区政府作为CAF模型试点单位,示范性地运用证据指标完成过程操作。例如,在对标准八——社会结果评估纬度中的环境绩效结果基本指标进行评估时,区政府提供了机关大楼内实行垃圾分类,推行ISO4001标准,清除有毒气体,提出绿色行政理念,执行公务做到文明执勤、不扰民,在产业导向上重视发展高效低耗产业(总部经济、旅游经济、光电产业)等正向肯定性证据,同时也提出了需要加强对居民环保意识的培养、加强环保措施、提高机关用车环保意识、进一步加强能源节约等改进的地方。根据提供的指标证据,评估小组给这一项基本指标打了3.5分。本书认为,这是CAF模型最大的特点,也是CAF模型最有启发性的地方,可以作为设计证据指标类型时的一个十分有力的国际佐证。

3. 量化指标

量化指标也是绩效评估指标体系中灵魂性的部分,缺少量化指标的体系不可能是一个有真正效用的指标体系。量化指标有两种表述方式:一种是算术式的量化,另一种可以称之为数学式的量化。算术式的量化主要从数量统计的角度反映工作业绩,比如,办公室每年撰写多少份工作报告,人事部门每年组织多少次培训活动,市场监管部门每年完成多少次市场检查活动,等等。这种量化主要表现政府的工作负荷、工作过程。与企业相比,政府部门的很多工作处于整个工作链的中间状态,不具有终端产品的意义。政府的工作业绩要以结果为导向,同时也需要用过程来反映。政府的工作业绩需要有一种量的刻度,但同时,反映这种类型的指标也意义有限,属于比较低端的指标。这种类型的指标与目前通常用来评估考核政府部门的目标管理方式基本同属一个层次。目标管理并非全是数量型的指标,但它主要还是通过数量统计来反映工作业绩,各级政府、各个部门通常是以完成上级每年预先规定的目标任务作为导向的,目标任务大多数是以数量关系确定的。比率数据型是运用一定的百分比率和约定数据作为指标要素的方式,比率数据不是一种简单的算术符号,它反映了特定的部门在约定职责和履行状况之间一定的数量关系,具有特定的客观性。此外,上下限值型、复合加权型等都是数学式量化的具体表现方式。

三、政府绩效评估指标确定的原则

(一)战略性与科学性相结合的原则

绩效评估是一种管理方法与手段,目的是提高绩效,实现组织的目标,因此,指标的设计要围绕组织的任务和目标,要为实现组织的战略服务,形成有利于战略目标实现的价值导向。我国政府绩效指标的确定,要从我国各级地方政府在社会主义市场经济条件下,管理职能的转变和定位出发,要充分体现政府职能转变的发展方向和要求。要促进我国政府职能的进一步转变,加快形成行为规范、运转协调、公正透明、廉洁高效的行政管理体制,提高公共服务的能力和质量,为我国政府管理模式的创新和变革提供动力。在确定每一个单项指标时,都应考虑此项指标在整个指标体系中的地位和作用,依据它所反映的某一特定对象的性质和特征,确定该指标的名称、含义和口径范围。有时反映一个对象和现象有多种指标可供选择,但究竟确定哪些指标才能科学地对研究的对象进行反映和分析,则必须考虑不同的目的和要求,特别是组织战略上的导向。

依据一定的战略目的设计指标体系并确定其名称、含义等,要以科学性为基础,科学性原则是一切科研工作的共同准则,在设计政府绩效评估指标体系时,主要体现在把握绩效评价指标内涵的正确性、指标体系设计的完备性、数学处理方法的逻辑严密性以及参量因素分析的准确性等若干方面。建构绩效评估指标体系必须采取严谨的态度,不能带有个人的主观偏见,更不能任意歪曲事实。应当以事实为依据,让事实和数据说话,不能被权威或个人判断所左右,应当用统一的标准化的衡量尺度进行取舍,注意排除指标选择过程中个人主观因素的影响。在指标设计过程中,对结果可能出现的偏差进行分析估计时,要尽可能消除主观因素的干扰,尊重客观计算结果。指标科学与否取决于是否经过系统的经验观察和正确的逻辑推理。生成绩效指标所依据的事实,应当是全面的、具有内在逻辑联系的,而不应当是个别或偶然的;结果必须来自对客观实际的观察,进行科学的抽象,而且要经得起实际的考验。不能在收集资料时东拼西凑、牵强附会,仅凭个别资料就得出结论,导致指标丧失其科学性。科学性还应表现在符合我国的实际,在实践中切实可行,而且能收到实效。

(二) 突出重点与全面系统相结合的原则

政府公共管理具有多重性和复杂性,工作千头万绪,涉及政治、经济、社会等多领域和多层面,各项工作又相互联系相互作用,这就决定了其绩效评估指标体系必须是一个既突出重点又全面开放的系统。指标的设计必须覆盖工作任务和责任的所有重要方面和关键领域,任一重要领域的指标缺失,都有可能产生严重的误导,在理论上影响评估体系的科学性和合理性,在实践中使有关管理部门不重视该项工作,产生消极的后果。但作为一个评估体系,不可能也没有必要面面俱到、事无巨细,应该突出一些重点领域和关键性的工作,设计一些关键性的指标来综合反映管理的绩效水平。同时,绩效指标的设计要在全面和突出重点的基础上,进行系统分析,实现整体的最优化。要从我国地方政府管理的实际出发,根据各指标对实现评价目标的重要程度,同时考虑各类指标在评价指标体系中的合理构成,以及指标间的逻辑关联度,对指标及其权重进行合理取舍,使评价指标既能突出重点,又能保持相对均衡,实现系统的最优化。

(三)相对性与统一性相结合的原则

评估指标有相对指标和绝对指标之分,有关社会经济发展程度的测量指标、城市竞争力指标大都采用绝对指标,如国民生产总值、财政收入、人均预期寿命等,但这些指标不能反映一个时期内增长的比率。各地发展基础不同,环境条件差距大,政府管理的绩效主要表现在改善程度、增长程度上,所以应尽可能用相对指标来测量一个时期内政府部门的绩效状况,如GDP增长率、国有资产保值增值率等。同时,要保持各绩效指标的统一性。一方面,就绩效指标体系的内部关系来说,同一指标的含义、口径范围、计算方法、计算时间和空间范围等都必须统一;另一方面,就绩效指标与外部的关系来说,还要和与其相对应的各类统计指标等具有统一性,这样才有可比性,才能根据评估的结果在全国或在世界范围内进行比较和分析。

(四) 动态与静态相结合的原则

绩效指标体系在指标的内涵、指标的数量及体系的构成上均应保持相对的稳定性。第一,这样可以产生比较参照作用。测定可量化工作的工作业绩,数字是最佳的衡量工具,但是缺乏比较基准的数字资料是没有任何意义的,必须与其过去的指标结果加以比较,才能显示出绩效的高低。第二,这样可以产生预测警示作用。积累了足够数量的世界序列指标数字后对其进行线性排序,可以得到某些工作业绩的演化趋势图表,对其进行分析就可以得到具有一定自信度的业绩趋势预测。所以,在建构指标体系时应尽量选取可以按照时间序列排序的矢量指标,而一些由于公共部门某些临时任务而设置的考评指标则应尽量避免选入常设考评指标中,或者经过一定的改造处理后并入某项考评指标的内容中。当然,评估指标的稳定是一个相对的概念。随着行政管理体制改革的深入和政府职能转变力度的加大,以及政府管理的外部环境和评价取向的变化,政府绩效评估指标体系也应随之改进和变化。世界上没有任何一套评估体系固定不变,适应此一历史发展阶段的某些具体指标,到了另一历史发展阶段就需要进行修订、补充和更新。因此,在设计绩效指标体系时,既要充分体现当时、当地社会发展和管理的特点、条件和需要,具有相对的稳定性,又要对未来的发展有所预见而力求保持连续性,同时进行必要的动态调整,以适应形势发展的需要。

(五) 定性与定量相结合的原则

政府绩效评估本质上是一种定性认识,定量认识要以定性认识为前提和基础,定性指标要尽量量化。定量指标较为具体、直观,可以通过制定明确的评价标准并计算实际数值来实现量化的表述,使评价结果给人以直接、清晰的印象。这有利于绩效评估的科学化,用数字说话在实践中使人容易接受,不产生分歧误解,有很强的说服力。但政府绩效是一个多维的复合系统,不是所有因素都能量化,这就要设计一些定性指标来反映,有些定性指标所含信息量的宽度和广度要远大于定量指标。设计定性指标关键是通过相应的途径和形式为其确定分值,如通过公民评议,可以对"满意度"这一定性指标予以量化。一个难以测量或者没有找到科学的测度方法的定性指标,在评估体系中是没有意义的。定量指标和定性指标有机结合,可使绩效评估结果更具综合性和导向性。

(六) 可比性和可操作性相结合的原则

所谓可比性,就是评估指标应具有普遍的统计意义,使评估结果能够实现各同级同类政府间的横向和时间上的纵向比较。在不同地区间的比较,除指标的口径、范围必须一致外,一般用相对数、比例数、指数和平均数等进行比较才有可比性;在不同时间上的比较,对以货币为单位的指标(如国内生产总值、人均收入等)必须扣除价格变动因素,其他指标也要考虑不同的历史环境和条件状况,如廉洁指标和人口出生率指标等,不能简单地将计划经济时期的状况与市场经济时的情况相对比。可操作性是指在满足评估目的需要的前提下,从我国的实际情况出发,评估指标概念要清晰,表达方式要简单易懂,数据来源要易于采集,操作途径要切实可行。要充分考虑日常操作的方便程度,并尽可能为采用现代信息技术手段实现评估的自动化与信息化提供可能。只有两者有机结合,才能使绩效评估体系真正发挥其对政府管理进行引导、评价和分析比较的功能。

四、政府绩效评估指标设计方法

政府绩效评估要做到公平公正、系统全面、可靠客观和连续稳定,为此,绩效评估的指标设计方法必须是多元化、多视角的。"在评价组织绩效的过程中必须采用各种不同的方法。绩效是多层面的,所以应该采用多种评价方法,以综合反映组织绩效的全貌。只有这样,组织的成员才有可能衡量哪些工作的质量比较高,哪些工作完成得不够好。"①

(一)按照绩效要素结构进行指标设计的方法

与效率相比,效率是一个单向度的概念,而绩效却是一个综合性的要素结构。政府绩效可以定义为政府在积极履行公共责任的过程中,在讲求内部管理与外部效应、数量与质量、经济因素与伦理政治因素、刚性规范与柔性机制相统一的基础上,获得的公共产出最大化。政府绩效不仅仅体现为"3E",还包括质量、公平、责任以及能力等要素。与以往的考核相比,政府绩效评估的关键在于对绩效的理解,为此,指标设计最重要的方法也就是围绕绩效的要素结构展开。具体说来,按照绩效要素进行指标设计有两种思路需要特别注意:

---

① 卓越.政府绩效评估指标设计的类型和方法[J].中国行政管理,2007(2):25-28.

①效率指标和效益指标相区分。效率指标是服务水准(产出)与成本的比值,效率指标的例子包括供给每餐的成本、收集每吨垃圾的成本等。效益是效果与目标的比值,需要从定量与定性两方面进行分析。效益指标的例子包括参与一项职业培训项目后6个月之内的就业人数、居民感到邻里安全的百分比等。②过程指标和结果指标相结合。政府绩效评估不仅需要以结果为导向,还需要以过程为内容。"业绩测评基于这样的总体理念,即每个生产或政策过程能够被细分为四个基本元素:投入、通过量、产出和后果。如果可能的话,这些元素应当用客观的措施和指标来测评。对投入、过程、产出和效果的测评应当区分开来。"①

(二) 运用关键指标进行指标设计的方法

关键绩效指标(KPI)是企业绩效管理中比较流行的一种指标设计方法,可以直接引入政府绩效评估。关键绩效指标(KPI)是对政府组织内部运作过程中关键成功要素的提炼和归纳,"限制在最重要的极少数:在给定的组织层次上每一个目的业绩测评数目应当限制在最重要的少数几个。业绩测评系统应涵盖那些能让一个组织评估成果、做出决策、重组过程

---

① 卓越.政府绩效评估指标设计的类型和方法[J].中国行政管理,2007(2):25-28.

并分配责任的关键业绩维度。"关键绩效指标是通过对组织内部某一流程的输入端、输出端的关键参数进行设置、取样、计算、分析,衡量流程绩效的一种目标式的量化管理指标。关键绩效指标的设计方法可以运用于政府组织、政府部门以及个人岗位三个层次。当然,不同的层次,贯穿的管理理念有所不同。一级政府组织更多关注组织战略目标的实现,政府部门要体现的是一种策略性目标,通过部门的参与,侧重于部门管理责任。岗位的 KPI 由部门 KPI 分解而来,岗位 KPI 的确定与部门 KPI 相对应。岗位职责在设计岗位 KPI 时起着重要作用,工作分析是绩效管理的基础性工作。在具体岗位的 KPI 中,结果性指标相对较少,行为性的指标可能较多。设计关键绩效指标可以通过以下五种方式实现。

（1）通过把握组织、部门和岗位的工作职责来实现。根据组织的战略目标与部门设置情况,根据部门间工作业务流程的关系,提取工作要项。

（2）通过管理者与被管理者共同参与来实现。或者是管理者先拟初稿,或者是管理对象先提出意见,双方共同讨论,认真研究,反复修改,最终提出一个双方都认可的方案。

（3）运用指标权重的调查和提炼来实现。权重调查以战略目标、拾遗补阙、系统优化为原则,可以采取主观经验法、等级序列法、对偶加权法、倍数加权法、层次分析法和权值因子判断表法等各种方法具体实施。

（4）运用标杆基准法（外部导向法）来实现。把同一职能范围最有成效的政府部门关键业绩行为作为对照分析基准，进行评价与比较，建立可持续发展的关键绩效指标体系以及最优的持续改进方法。标杆或基准可以分为内部标杆、竞争标杆、职能标杆、流程标杆四类。

（5）通过成功关键分析法来实现。通过鱼骨图分析，寻找组织成功的关键要素，确定组织KPI维度，明晰优秀业绩的条件和目标。在分解成功要素的基础上，对成功模块进行解析和细化，确定KPI具体要素，并将KPI要素进行筛选，分解为恰当的可量化的KPI。

（三）运用标杆管理进行指标设计方法

标杆本身是一个测绘学术语，用以说明在确定高度时作为参照点的一种标识符号。标杆运用在管理学上有一种隐喻的功能，表示对其他事物进行度量的一种尺度。在政府绩效评估过程中，标杆不仅仅是作为技术指标的一种标准值，运用标杆管理，还可以直接作为指标设计的方法，当然，这种方法实际上也就是比较的方法。我们可以确定某个标准值，作为指标设计的思路，定位不同的标准值，可以产生不同的指标设计方法。"就这些功能而言，可以使用不同的业绩测评：

与过去比较,跨截面比较,实际业绩比较与业绩标准比较。使用什么样的路径依赖于决策制定者在特定情形中需要什么样的信息。"[1]我们可以将目前的工作绩效与之前建立起来的目标进行比较,可以将目前的工作绩效同其他类似组织的工作绩效进行比较,可以将目前的工作绩效与已有的国家标准进行比较,可以将目前的工作绩效与过去的工作绩效进行比较,等等。

(四)围绕专题进行指标设计的方法

政府绩效评估可以分成组织绩效评估、个人绩效评估、项目绩效评估和专题绩效评估等多种类型,各种类型的绩效评估还可以具体细分,比如,组织绩效评估可以分成一级政府的绩效评估和政府部门的绩效评估。不同的政府绩效评估类型之间相互联系又相互区别,各有特点。政府围绕社会、公众共同关心的导向性、焦点性问题,构建系统的评估体系就是专题绩效评估。专题绩效评估指向性强,集中度高,是考验政府执政能力、回应能力的重要标志。近年来,各种各样的专题绩效评估越来越多,我们所熟悉的发展指数、文明指数、生活质量指数等都是专题绩效评估的具体表现。一些学者侧重从过程

---

[1] 卓越.政府绩效评估指标设计的类型和方法[J].中国行政管理,2007(2):25-28.

和结果相结合的思路将质量指标区别为过程质量指标、服务质量指标和满意指标三种类型,他们认为,过程质量指标是指导和控制过程再造活动的一个关键要素,有助于提高提供服务的整套程序的质量;服务质量指标评估的是服务供给是否达到预先规定的质量标准;满意指标分析的是服务是否满足顾客的需要。此外,还有一些学者提出了客观质量指标和主观质量指标的设计方法。客观指标内含过程质量指标和服务质量指标两者,具体内容取决于服务设计,而主观指标则是要评估顾客——公民对服务质量的感受。按照管理的因果关系进行指标设计的方法涉及众多的因素,管理职能和管理过程是两种基本的管理因素。按照管理的因果关系进行指标设计的方法其实就是按照项目管理的思路将管理职能和管理过程进行分解,分解出来的因子也就构成指标设计的模板。管理职能可以分解成计划、组织、协调、指挥和控制等几个因子,管理过程可以分解成计划、执行、检查反馈、分析改进等几个因子,相应地,绩效指标也就可以按照这几种思路进行设计。

第五节　政府绩效评估结果应用

评估结果的有效运用是绩效评估工作发挥作用的关键，对于绩效评估的监督和整改有非常重要的作用。要充分发挥政府绩效评估的激励约束作用，合理、有效地运用评估结果，本着奖优、治庸、罚劣的原则，坚持组织激励与个人激励相结合、精神奖励与物质奖励相结合，绩效突出的予以鼓励，对绩效较差的相关人员追究责任并促其改进工作。评估结果的有效运用要重点考虑以下三个方面。

一、评估结果与表彰奖励相结合

在政府奖励工作中，要把政府绩效评估结果作为重要依据。对绩效较好的单位，采取多种形式予以表彰奖励。对给予物质奖励的，要根据政府绩效评估情况和个人考核情况拉开档次，所需经费列入同级政府财政预算。另外，为鼓励各级政府提高政府绩效，同时树立榜样和标杆，国务院设立政府管理与服务的最高奖——政府公共服务奖。

二、评估结果与行政问责相结合

政府绩效评估结果是行政问责的可靠依据。按照权责对等的原则,对存在执行不力、违规决策、疏于管理和行政不作为等情况的,要责成相关部门限期整改,并视情节轻重,依据有关规定追究主管领导和相关责任人的责任。

三、评估结果与财政预算安排、绩效审计相结合

充分利用政府绩效评估结果,查找政府管理的不足,发现公务员队伍建设存在的问题,通过管理创新、制度创新、机制创新,持续改进政府工作,推进公务员队伍建设,是当前政府自身建设的重点。在公务员管理和政风建设中,应将评估结果与公务员的考核、选拔任用、职务升降、辞职辞退、奖励惩戒、培训交流等有机结合起来,进一步健全政务公开、行政投诉等机制,全面推进公务员队伍建设和政风建设,不断提高政府自身建设水平。

需要注意的是,评估结果的运用要避免两个极端:①将评估结果束之高阁,与奖惩、问责和改进自身建设完全脱节。长此以往将失去绩效评估的激励作用。②在评估结果的运用上急功近利,不分场合地一味使用"一票否决"和"末位淘汰"制。过于强调功利色彩,强化利益机制,可能容易使评估对象变得

斤斤计较，这是不恰当的。对于"一票否决"和"末位淘汰"的评估对象，应当做耐心细致的思想工作，给予补救整改的机会，帮助他们放下包袱，轻装前进。

第四章 某省级行政区就业绩效评估体系

第一节 某省级行政区就业绩效评估体系建立过程

一、政策背景

就业是民生之本,事关经济发展和民生改善大局。在2015年6月10日的国务院常务会议上,李克强总理提出,实现充足的就业,是发展经济的基本目标。为进一步促进就业、稳定就业、鼓励创业、普惠民生、助力发展,国务院下发了《关于进一步做好新形势下就业创业工作的意见》(国发〔2015〕23号),明确提出"强化就业创业工作的组织领导,落实目标责任制,将就业创业工作纳入政绩考核,并开展就业专项资金使用绩效评价"。

2014年,在全国人力资源社会保障系统工作座谈会上,该省级行政区党委书记指出,要坚持就业第一,通过稳定和扩大就业,筑牢社会稳定和长治久安的根基。此后,该书记不断强调,就业工作是民生工程、民心工程和基础工程,要把就业作为政府第一要求、第一责任和第一目标。2015年3月26日,该省级行政区政府印发了《关于进一步促进就业创业工作的意见》,在促进企业就业、农村富余劳动力转移就业、高校毕业生就业、就业困难群体就业、自主创业、职业培训等方面,出台了8个方面25项措施,延伸、拓展和完善了原有政策,基本形成对各类就业人员的全覆盖。

作为最大的民心工程,该政府连续6年将"就业创业"列入重点民生工程,先后开展了"春风行动""总部+卫星工厂+农户""千乡万村""短平快""国有企业统一招考""零就业家庭动态清零"等专项措施,多措并举,积极推进,全区就业创业工作取得了明显成效。但面对经济发展新常态和复杂的就业形势,该省级行政区仍然面临一些亟待解决的问题,如就业人口大于就业岗位、就业结构性矛盾突出、一二三产业吸纳劳动力比例不协调、少数民族地区农村富余劳动力转移就业压力大、就业稳定性不强等。

充分认识到就业创业工作的重要性和紧迫性,为努力实现更加充分、更高质量和更加公平的就业,2014年,该政府印发了《关于印发2014年度就业工作绩效评估报告的通知》,由该省级行政区人力资源和社会保障厅对各地区、自治州、市（以下简称地州市）2014年度就业工作情况进行了试点性绩效评估。

为进一步提升政府就业工作质量，发现就业工作中存在的问题和不足，完善就业工作体系，并更科学、合理地评价各级政府的就业创业工作，北京华夏基石管理咨询公司项目组受到该省级行政区人力资源和社会保障厅委托，对政府就业工作绩效评估问题进行了深入研究。

研究的目的在于：深入分析政府就业绩效评估及其方法技术的功能作用、存在的问题，运用现代企业治理体系的相关理论和方法技术，从程序、内容、方式等方面提出改进政府就业绩效评估的理论体系、技术体系、信息体系的对策建议，增强区分度，提高可用性，更好地发挥政府就业公共服务职能。

二、研究方法

根据该政府就业工作的特点，华夏基石项目组综合采用了多种研究方法，力求使各种研究方法相互印证支撑，兼顾科学性和实践性。采用的研究方法主要有以下四种。

（一）文献研究法

通过查阅中央和人社部有关文件，综合整理与本研究项目相关的文献资料,对政府绩效评估、政府就业绩效评估等相关文献进行系统的归纳和梳理,同时,构建本研究项目科学认知体系,保证研究项目的科学性。

(二)走访调研法

采取座谈调研、个别走访等方式,分级分类调研,选择各地州市、各行业对口人员,对目前就业创业的现状和存在的问题进行深入调研,保证研究项目的准确性。

(三)统计分析法

编制就业创业情况调查问卷,按照科学抽样的原则,分层选取各地州市、各行业企业员工作为调查样本进行调查,对调查获取的有关数据进行科学统计分析,形成定量结论,保证研究项目的普遍性。

(四)经验总结法

对目前该政府及全国就业创业绩效评估的相关理论、方法技术、考核程序、考核内容、结果分析及运用等方面进行总结归纳和分析,进一步完善和提高就业创业考核工作,对项目研究成果在实践中进行验证、检验,保证研究项目的实践性。

第二节　某省级行政区就业工作绩效评估的理论及实践依据

一、绩效管理

(一) 绩效管理的概念

绩效管理是从绩效评估的理念发展出来的。绩效评估是指考评主体对照工作目标或绩效目标,采用科学的考评方法,评定员工的工作任务完成情况、员工的工作职责履行程度和员工的发展情况,并且将评定结果反馈给员工的过程。而绩效管理则是一个完整的管理过程,是指各级管理者和员工为了达到企业目标共同参与绩效计划制定、绩效辅导沟通、绩效评估评价、绩效结果应用、绩效目标提升的持续循环过程。一个有效的绩效管理体系应具备 PDCA 四个过程:①制定绩效计划(P),确定关键绩效指标(KPI);②绩效沟通与辅导(D),保证绩效管理过程的有效性;③绩效评估与反馈(C),对前一绩效周期的成果进行检验和反馈;④绩效诊断与提高(A),总结提高并进入下一循环。

(二) 绩效考核指标体系的建立

为有效衡量企业的绩效,绩效管理理论要求企业首先制定明确的绩效指标体系,这些指标必须是具体的(specific)、可衡量的(measurable)、可达到的(attainable)、与战略密切相关的(related),且是有时限的(time-bounded)。在分解企业绩效指标时,一般须综合以下两个方面的因素:①企业的战略与职责。从企业的战略出发,确定企业发展的目标和关键成功因素,以及各部门的主要职责和工作任务,据此提出企业绩效考核指标。②外部标杆实践。以行业内的优秀企业为标杆,参考其绩效指标制定自身的绩效考核指标体系。

在提取具体的绩效考核指标时,一般要遵循以下原则:

(1) 结果考核指标为主,过程考核指标为辅;

(2) 定量考核指标为主,定性考核指标为辅;

(3) 效果考核指标与效益考核指标并重。

基于对"绩效"的不同理解,企业绩效考核指标体系一般包括:

(1) 企业的结果,如"销售收入""利润""新产品开发"等;

(2) 企业的过程,如"现金流""资产周转率""问题解决时间"等;

(3) 企业的能力,如"团队建设""人才结构""信息化"等。

此外，平衡计分卡（BSC）理论提出了外部客户反映指标，如"客户满意度"等；360度考核提出了"周边绩效"指标，如"内部协同"等。所有这些指标构成了企业的绩效考核指标体系。

（三）绩效考核及其结果应用

基于直接上级更了解下属业绩的考虑，传统的绩效管理一般采用直接上级考核的方式，由直接上级对下级的工作绩效进行考核，由间接上级对考核结果进行审核以发现特殊点并进行纠偏；为引导下属对自身的工作完成情况进行自我审视，部分企业采用了员工先自评，然后由直接上级根据其自评再进行打分的方式；之后，360度考核则提出直接上级可能无法完全把握下属的整体表现，建议引入下级、平级、外部客户等主体参与绩效考核，以对其工作表现进行360度的全面评价。所以在企业中，存在自评、直接上级考核、360度考核等多种形式。

绩效考核结束之后，企业，尤其是私营企业，会根据员工的绩效考核结果对其进行相应的奖惩，以激励员工在下一个考核周期做出更好的业绩。奖励的形式包括加薪、业绩奖金、股权激励、晋职、晋级、带薪假期、荣誉、表扬等各种物质与非物质奖励；而惩罚措施则包括降薪、降职、降级、批评，甚至辞退等。各企业会根据企业文化与经营策略选择相应的奖惩方式。

二、政府绩效管理

（一）政府绩效管理的意义

实施政府绩效管理是落实科学发展观的必然要求。政府绩效本质上是政府的发展观和政绩观的具体体现,绩效评价标准和评价指标都以发展观和政绩观为基础。因此,政府绩效管理就是政府工作的方向,是政府各部门具体工作的指南,要将科学发展观的理念和要求落实于经济社会建设的丰富实践中,就必须有科学的、先进的政府工作评估体系。只有用绩效管理的经济、效益和效率标准来评估政府工作,才能全面检验政府落实科学发展观的情况,才能全面详细、客观实在地反映市场经济条件下政府的全面工作,才能检验地方政府在推进地方经济社会发展的进程中是否真正做到了科学发展。科学实施政府绩效管理,以绩效管理设置的指标来推动行政体制的改革,可以进一步促进政府的自身建设,推动地方政府的创新,提高地方政府的效率与质量,促进地方政府创造更多的公共价值,促进地方经济社会的科学发展。

（二）政府绩效考核指标体系的建立

作为公共组织,政府绩效管理遵循着与企业绩效管理同样的逻辑。但由于政府绩效更注重社会价值,追求公平与效率的平衡,还要兼顾改良与变革的推进,所以,在绩效考核时,政府绩效考核有别于企业的绩效管理。

在指标来源上,政府绩效考核依然需要考虑政府职责和外部实践两个方面,而企业在战略方面的考虑在政府中则变为政府部门的政策和文件要求,须考查相关政策文件对政府工作提出了什么样的要求。所以政府绩效考核指标的提取需要从政策文件、政府职责和外部实践三个方面进行。

站在政府业务的角度来看,政府工作需要突出重点,形成架构覆盖全局,而不是事无巨细,所以政府须在进行绩效目标管理时逐步推进过程管理。因此,政府绩效考核要求遵循结果考核指标为主、过程考核指标为辅,和定量考核指标为主、定性考核指标为辅的原则。另外,由于政府的产出主要是公共产品与服务,很难衡量其取得的效果,而政府资源的使用与管理更加注重效益,所以在考核政府绩效时,还需注意以效益考核指标为主,效果考核指标为辅。

在考核内容上,对政府的绩效考核要遵循经济性(economy)、效率性(efficiency)和有效性(effectiveness)三个原则。其中,经济性是指以最低费用取得公共服务的资源,即公共服务的提供是否节约。通过经济性的考评,衡量预算与实际成本之间的差距,在各个公共部门和公共支出项目中建立更为有效的支出决策机制和支出优先排序机制。效率性是指以最小的投入得到预期的产出水平,或以既定的投入水平得到最大的产出效果。这一原则既关注投入-产出的比率问题,也注重各个环节工作质量的提高。有效性是指与预期目标相比,目标实现的程度。公共服务的最终目的是追求结果的有效性,这也正是绩效考核的核心内容,有效性以经济性和效率性为前提,既考虑目标实现的程度,也考虑结果实现的成本。

总之,建立政府绩效考核指标体系须明确政府机关绩效管理的原则和目标,在拟定出适用于全国机关的效率评估标准的基础上,各地各部门依据这些原则要求,结合实际,规范化、科学化地完善修订当前的目标责任体系,制定各地的细化评估标准。

(三) 政府绩效考核及其结果应用

政府绩效考核多以目标责任制的形式由上级部门成立绩效考核领导机构,对下级部门的绩效进行评价;也存在各部门自评,然后由领导机构进行核定的方式。

作为评价政府、部门及其领导工作实绩的重要依据,政府绩效考核结果主要应用于建立奖惩机制,如根据评估的分值对评估对象进行排序,适时公布评估结果,严肃处理评估不合格的部门单位,通过发放整改通知书或监察建议书责令其整改,并从中举一反三,总结教训;对评估优秀的,也应给予通报表扬或其他适当的奖励。但政府绩效考核结果的运用要避免走两个极端:①将绩效评估结果束之高阁,与干部任用、内部激励和资源配置完全脱节;②在绩效评估结果的应用上急功近利,把奖惩、任用作为绩效评估结果应用的唯一形式。在政府绩效管理实践中,政府绩效考核结果的应用还可以借鉴国外绩效考核的经验,将绩效考核结果与部门领导的行政问责、公务员晋升,以及绩效预算、绩效审计等相结合。

三、政府就业工作绩效考核

(一) 政府就业工作绩效考核的意义

《关于进一步做好新形势下就业创业工作的意见》(国发〔2015〕23号)明确提出"将就业创业工作纳入政绩考核"。作为政府的重要职能,就业创业工作的绩效考核成为政府绩效考核的一部分。作为一项创新工作,政府就业工作绩效考核运用科学的方法、标准和程序,对各级政府和相关部门的就业工作业绩、成就和实际工作做出尽可能准确的评价,并在此基础上对政府就业工作绩效进行改善和提高。通过对预定的管理目标、公共组织和人员的管理状况进行评估,政府就业工作绩效评估不仅可以反映管理信息,而且可以通过对各级组织和部门的工作结果进行纵横比较形成压力，产生激励，从而提升政府就业工作绩效。

（二）政府就业工作绩效考核指标体系的建立

就业工作涉及面较广，工作比较复杂，所以在考核政府就业工作绩效时需把握关键工作，从宏观上确定需要考核哪些工作内容，以及用哪些指标反映该工作内容的工作质量，形成结构化、系统化的指标体系。

建立政府就业工作绩效考核指标体系仍需从政府职责、外部实践和政府部门的政策文件要求三个方面出发，但由于就业工作多是宏观管理，所以在考核时主要考虑政府政策文件的要求。

例如，《中华人民共和国就业促进法》提出"将扩大就业作为县级以上政府的经济和社会发展的重要目标"，所以政府就业工作的总体目标是"扩大就业"，表现为城镇新增就业和控制失业两个方面。

国务院《关于进一步做好新形势下就业创业工作的意见》（国发〔2015〕23号）从业务的角度，对积极推进创业带动就业、统筹推进高校毕业生等重点群体就业、加强就业创业服务和职业培训等方面进行了具体布置，并提出"将就业创业工作纳入政绩考核，细化目标任务、政策落实、就业创业服务、资金投入、群众满意度等指标……开展资金使用绩效评价,着力提高就业专项资金使用效益"等,所以政府就业工作绩效考核增加了创业促进就业、农村富余劳动力与高校毕业生等重点群体就业、就业培训和资金使用管理等专项目标,并从外部客户的角度提出群众满意度指标。但由于对如何进行满意度调查没有公认的方式,考虑到现实的制约性,群众满意度指标未被纳入整体的指标体系。

国务院《关于进一步做好新形势下就业创业工作的意见》还提出:"县级以上人民政府要加强对就业创业工作的领导,把促进就业创业摆上重要议程,健全政府负责人牵头的就业创业工作协调机制。"所以,在政府就业工作绩效考核中加入了就业工作组织管理的指标。

对于就业资金管理,根据《财政支出绩效评价管理暂行办法》(财预〔2011〕285号),财政支出绩效评价的主要内容包括绩效目标的设定情况,资金投入和使用情况,为实现绩效目标制定的制度、采取的措施等,以及绩效目标的实现程度和效果四个方面。具体到就业资金绩效评价,体现为就业资金筹集、就业资金支付、就业资金政策落实和就业资金效果四个方面。

根据上述文件精神,就业工作绩效考核的指标体系包括了总体目标,就业资金管理、农村富余劳动力转移就业、大学生就业、创业促进就业和就业培训五个专项目标,以及就业工作组织管理等共七个方面的目标。各项目标的具体内容需根据各地方的就业工作现实具体制定,其重要性也需根据当地的就业工作重点与工作安排设定相应的权重来加以反映。

(三) 政府就业工作绩效考核及其结果应用

在考核方式上,政府就业工作绩效考核可借鉴国外就业工作考核的实践经验,通过制定法律的形式建立该工作的权威性和严肃性,通过就业工作信息化系统的建设提高考核结果的客观性和有效性,通过各年度纵向比较和各地间横向比较加大就业工作的压力,通过设定相应的奖惩措施形成就业工作的竞争性。

组织行为学研究表明,结果决定着行为的选择。要实现引导和激励各地不断改善就业工作的目标,需要在客观评价各地就业工作质量的基础上进行相应的奖惩。具体措施包括对各地进行考核结果排名并进行通报、表扬考核优秀单位、严肃处理考核不合格的部门单位、将就业工作资金预算与考核结果挂钩等。

四、国外就业工作评估实践经验

(一) 美国

美国非常重视包括就业服务在内的绩效评估,用各种层次的立法来保障绩效评估。在《政府绩效与评估法案》的指导下,美国国家绩效评估委员会提出了一整套较为完善的衡量政府部门和个人工作的评估体系,主要包括投入指标、能量指标、产出指标、结果指标、效率和成本效益指标、生产力指标等六大类基本指标。同时,在实际操作过程中,许多市与县政府还使用了从150种到1500种不等的具体评估指标,各州、各机构可根据自己的特点设置各具特色的评估指标和评估标准。另外,美国为推动政府机构绩效评估,在国家绩效评荐小组下设了专门的绩效评估研究组,定期发布研究报告,总结各地绩效评估实践活动并提供技术上的指导。美国的锡拉丘兹大学坎贝尔研究所自1998年起就与美国《政府管理》杂志合作,每年对各州或各市的政府绩效进行评估并发布评估报告。

美国政府就业服务最突出的特点是"一站式服务",它是一个独立的公共部门。美国劳工部在考核时,直接制定相关的考核体系,综合投资促进就业目标的实现与就业服务机构员工绩效进行量化指标考核,主要的指标有成年人就业率、成年人平均收入、失业工人就业率、安置就业青年、民众满意度等。此外,对于投资项目的就业评估也是美国公共就业服务评估的一大特色,包括四项评估内容:①"投资要带动的就业目标描述",包括该投资项目的实施目的、内容、带动的就业人数等;②"对投资项目进行阶段性分析",对该项目按照计划指标进行比较分析,找出需改进的地方;③"投资项目的成果",指出项目主要指标的完成情况;④"投资项目总结",评价投资在带动就业方面的好坏。

对于项目进行评估是美国就业服务评估的一大特色,不同项目,都有明确的服务内容、服务对象、服务目的。评估能够显示项目的完成情况,从而找出与目标的差距,同时又对项目意义进行评估,这对政府行为的评价具有非常重要的意义。此外,美国还在州际之间进行评比,这也对各州提高自己的工作质量有着非常重要的促进作用,但同时也存在弊端——由于各州之间经济发展不平衡,就业机会不均,失业人员比例及平均收入各不相同,以这些相关联的指标对就业服务进行比较,对于一些经济和劳动力市场欠发达地区来讲,有失公平。

(二)英国

英国在欧洲各国绩效评价的发展历史中是最具代表性的,并且取得了良好的社会效果。英国的就业服务以顾客导向为原则,建立了一整套的评估机制,包括评估原因、评估目标、评估方法、评估指标体系、评估结果及评估的反馈。在制定评估指标的基础上,通过欧盟各成员国统一使用的"欧洲劳动力调查"系统对就业服务进行数据统计,同时每年都开展雇主和求职者满意度的全国性调查和地方性调查。将长期失业人员的安置、内陆城市失业者的安置作为特殊就业群体单独列出。

英国成立了就业服务和失业给付中心，该中心为求职者提供的服务包括：通过对求职者劳动技能、培训经历等的了解，了解求职者所需的帮助，为救济申请者寻找合适的工作；为雇主提供所需招聘渠道，帮助雇主筛选应聘者。该中心还利用公共组织、志愿者组织等为求职者提供更具有个性化的服务，并与福利结合起来，为寻找工作者提供基本生活保障。对于政府促进就业的成效，英国按照一定体系进行考核，主要从"岗位匹配率""就业登记率"等指标考核入手，兼顾考核就业"差错率""客户满意度"等指标，以确定制定的就业目标是否合理，并以能否实现既定目标，作为对政府部门相关人员进行考核的依据。

英国政府的评估指标体系绝大部分都可以量化，而且对于很少的定性指标区分相应的层次和等级，使用项目评估工具（PART）、标杆、应用效率指标等工具，对政府的经济、效率、效益衡量测评，公平与民主作为价值取向已经被运用其中。

（三）德国

德国的就业服务评估指标主要围绕绩效管理目标进行。

联邦政府的就业服务局统一制定绩效评估的指标,设立空岗安置天数、稳定就业人数、失业人员失业天数,以及各种补贴的服务送达的平均时间、女性在安置失业和求职者中的比例等多项考核指标,既考察就业的数量,又考核就业的质量,既综合测量失业的总体态势,又关注政府就业工作的努力程度及效果。同时联邦就业服务局还自上而下要求各分支机构运用"雷达图"的方法进行目标与结果的比较评估,将各地目标值标入坐标图,构成目标域,再将各地评估期上述指标的实际执行值标入坐标图,形成实际执行结果域,通过目标域与结果域的比较,反映各地工作努力情况和目标任务完成情况。

德国是世界上最早建立社会保障制度的国家。1969年,德国针对经济发展缓慢的状况,制定了《促进就业法》,2005年又推出"哈茨计划",旨在通过财政支持提高就业服务效率、扶持失业人员创业、对企业减少裁员给予资金支持等。德国在联邦劳工部下设联邦就业服务局,负责失业保障和促进就业的具体工作。德国就业资金绩效评估的做法如下:①建立统一、明确的评价指标。联邦就业服务局对各地的就业工作评价设立就业人员总数、长期就业人员人数等多项考核指标,重点考核培训后的就业率等结果指标。②运用"雷达图"等方法形象、直观地进行目标与结果的比较评价。③纵向组织实施,横向进行比较评价,联邦就业服务局对各分支机构进行评价。除对各分支机构目标任务的实际完成情况进行评价外,还组织各分支机构之间的横向绩效评估,通过引入内部竞争和外部评审机制来落实绩效评估工作。④按评估结果实行奖惩,根据纵向评估结果调整预算;根据横向比较评价结果,调整资金在地区间的分配;对经办机构根据评价结果优胜劣汰,如就业培训机构培训之后的就业率达不到70%,将取消培训机构下一次承担培训项目的资格。尽管德国的就业绩效评价主要围绕工作绩效进行,但从出发点和归宿看,都体现在控制支出规模增长、提高资金的总体效益上,也就是通过工作绩效评估,改进资金支出绩效。

德国的就业服务评估主要围绕工作绩效进行。联邦政府的就业服务局统一制定绩效评估的评估指标并组织实施评估,以便于统一比较评价。各地就业工作评价指标包括再就业人数、稳定就业人数、失业人员失业天数、领取失业保险或救济金天数、失业人员培训比例等多项考核指标。对培训机构也引入考核机制,主要以培训后的就业率作为评估指标,目前规定培训后的就业率必须达到70%。联邦就业服务局运用"雷达图"方法进行目标与结果的比较评估,事前确定各地上述指标的目标值,将各地目标值构成目标域,再将各地评估期上述指标的实际执行值形成实际执行结果域,比较目标域与结果域以反映各地工作努力的情况和目标任务的完成情况。

(四) 韩国

韩国针对就业方面设立了专门的就业服务机构,政府考核从评价业务推行成果、组织文化、顾客满意度三个方面入手,主要形式是进行服务质量问卷调查,该调查由隶属于韩国劳动部的韩国雇佣信息院组织公开招标,委托第三方专业机构在一定期限内完成,其服务质量问卷同时向求职者和雇主发出。

对政府业务方面的考核指标主要包括对其劳动力市场的分析,向求职者和企业提供的支援,职业指导,开发职业能力,管理雇佣保险,开发社会公益岗位,自立支援事业,青少年职场体验项目,公开招聘数量等。满意度方面的指标主要有十个:满足客户需求,便利程度,信赖程度,顾客应对,专业水平,顾客理解,接近可能性,公正性,总体满意度,再次利用愿望。答案设为从没有到完全同意五个,并赋予了相应分值,满意程度越高,所赋予的分值就相对越高。在调查结束后将所有的分数加总,得出不同雇佣支援中心的总分值,并对各中心提供服务的质量和效率进行评估。

韩国的特点是,在实现政府推动就业目标的同时,注重提高工作效率和民众的满意度,特别是要从文化完善的角度进行考察,以提高公共就业服务机构的素质水平。这种考核模式对于提升韩国政府的形象,维持其长期发展有着重要的促进作用。

(五) 澳大利亚

澳大利亚政府就业绩效评价采用"市场竞争模式",通过对各个就业服务机构测评,确定其项目和财政拨款金额。一开始的时候是统一标准的评估,但在实施过程中不断完善,逐渐转变为根据部门情况自行确定评估内容和方法,使评估结果更客观。澳大利亚的就业考核方式实行星级分类制度,按照就业服务水平的高低,将就业服务机构提供的服务分为5个星级,星级分类每3个月考核一次,并在就业部网站公布,接受民众的监督。这种星级考核制度,在衡量政府推动就业服务质量的同时,推动了就业服务机构水平的提高,也影响了财政资金的拨给范围。这一模式中,政府按照市场规律运作就业方式,是一种私人和公共部门等不同机构在市场上按照协议对失业人员进行就业安置的竞争,政府起到了一个监督和评估的作用。

星级分类制度的具体实施办法是:星级分布以平均水平为基线,用上下一定百分比,分出5级,1星级最低,5星级最高,3星级为平均水平;星级分类定期重新审查,每3个月计算一次,每半年,在6月底和12月底,通过澳大利亚求职网和就业部网站公布结果,3月底和9月底的星级分类结果告知就业服务机构,但不对外公布。

澳大利亚对提供就业服务的"就业网"成员单位的评估考核主要是通过定期的成员单位资格认定进行。澳大利亚就业部向就业网成员单位招标,并与中标者签订承包合同。在有效承包合同终止前8个月,就业部在经评估审核合格的就业网成员单位中开始下一轮招标。承包合同的跟踪、评估、监督和管理由就业部、审计署和生产力委员会共同负责。对项目的评估、监督与管理也由这3个部门共同负责,合同实行滚动管理,考核不合格的就业网成员单位将会被取消资格,并不得参与下一轮投标。

(六) 瑞典

瑞典的就业服务绩效管理主要是通过就业服务公共查询系统和就业服务内部管理查询系统完成的。就业服务内部管理公共查询系统主要是供内部员工使用,可分析工作人员的现状和工作情况;就业服务查询系统不仅对工作人员开放同时也对社会开放,查询者可以在任何时间、任何地点查询国家规定的就业目标,并获得任何一个地区,甚至是职介所的具体工作目标,每一个层面上的负责人,都可以进行目标实现过程的跟踪。就业服务的最高管理者可以随时看到各地区、各级工作人员的工作目标;每个就业服务人员都可以对自己的服务目标实现情况进行跟踪;公众也可以随时查询就业服务各个工作目标的落实情况。瑞典就业服务机构的管理者经调查认为,从各级就业服务的工作人员,到劳动力供求双方,都不清楚就业服务的工作目标,利用就业服务公共查询系统,不仅可以明确每个就业服务部门的工作目标,提高其工作效率,还可以进行实时的跟踪反馈,有利于对就业服务机构的监督和评价。

五、国内就业工作评估实践经验

(一) 广东省就业工作目标责任制考评

2003年,广东省人民政府制定了《关于建立再就业工作目标责任制的通知》和《广东省2003年再就业工作目标责任制考评办法》,建立了就业工作目标责任制,明确了各市政府和省直有关部门的职责。考评对象是各地级以上市人民政府,考评内容包括:完成就业目标任务情况、落实就业政策情况、开展就业人才服务和管理情况、促进就业资金筹措和使用情况等。通过以上内容的考核,对各市政府和省直有关部门实行严格的责任制考评,加强了对就业工作的组织领导。评估方式包括自评和评估小组评价。考评组织机构由省就业工作联系会负责。对于考评优秀的全省通报表彰，不达标的全省通报批评，对被通报批评或被追究领导责任的市，取消其当年参加全省政府系统综合性评优活动的资格。

（二）广州市就业专项资金绩效评价

广州市开展了对就业专项资金绩效的考核，现行广州市就业专项资金有两种绩效评价体系。第一种是广州市财政重点项目绩效评价体系，选用了与就业工作密切相关的指标体系进行系统的绩效评价。指标体系分为三类：第一类为财务性指标，包括财政投入乘数等8项分指标；第二类为业务性指标，包括补助合规性等16项分指标；第三类为效益性指标，包括直接或间接稳定（带动）就业人数等7项分指标。另一种是根据《关于开展就业专项资金绩效评价试点工作有关问题的通知》（财社〔2012〕17号）形成的绩效评价体系。指标体系分为四类：就业专项资金筹集指标、就业专项资金使用与配置指标、就业促进效果指标、重点项目支出产出指标。

（三）安徽省就业工作目标责任制评价

安徽省就业工作评价内容主要包括充分就业目标任务完成情况、重点工作开展情况、就业资金配套情况和就业工作绩效四个部分，共18项评价指标。评价方法是坚持定量评价原则,除充分就业目标任务的相关指标外,其他指标均采用功效系数法计算得分。由省就业工作领导小组负责组织开展评价工作,省就业工作领导小组办公室负责评价工作的综合协调和具体事务。每年2月中旬前,各市对本地上年度就业工作情况进行自评,将就业工作总结、自评情况报送省就业工作领导小组办公室。省就业工作领导小组办公室会同省财政、统计、工商等部门组织进行测算、评分工作。评价指标数据由省就业工作领导小组相关成员单位负责审核、提供。省就业工作领导小组每年通报各市就业工作目标责任制评价结果,并对先进市政府进行通报表扬。具体评价指标如表4-1所示。

表4-1 安徽省就业工作评价指标

评价内容	评价指标	分值	数据来源
充分就业目标任务完成情况（55分）	1. 城镇新增实名制就业人数	10	人社厅
	2. 城镇登记失业率	10	人社厅
	3. 失业人员再就业人数	5	人社厅
	4. 就业困难人员就业人数	5	人社厅
	5. 农村劳动力转移就业人数	5	人社厅
	6. 高校毕业生就业率	5	人社厅
	7. 高校毕业生就业见习人数	5	人社厅
	8. 创业培训人数	5	人社厅
	9. 就业技能培训人数	5	人社厅

(续表)

评价内容	评价指标	分值	数据来源
重点工作开展情况（25分）	10. 新发放小额担保贷款金额	8	财政厅
	11. 个人小额担保贷款增长比例	5	财政厅
	12. 创业孵化基地达标率	8	人社厅
	13. 就业服务信息化覆盖比例	4	人社厅
就业资金配套情况（10分）	14. 地方财政就业创业资金配套投入及增长比例	5	财政厅
	15. 就业创业资金支出执行进度	5	财政厅
就业工作绩效（10分）	16. 从业人员规模增速	4	统计局
	17. 每10万人新增个体工商户、私营企业户数	3	工商局、统计局
	18. 就业资金促进就业人数	3	人社厅、财政厅

（四）大连市就业服务机构考核

大连市就业服务机构的考核采用了分级标准，按照场地设施建设、基础工作、队伍建设、监督评议、工作创新、就业服务、退休人员社会化管理七个方面对就业服务机构进行评价。评价分为劳动保障所自评、区市县工作小组评估考核和市领导小组评估考核，按照评估分数将就业服务机构划分为a级、aa级、aaa级三个层级。三个层级的就业服务机构都要求达到场地建设要求，机构、人员、经费、场地、制度、工作实现六到位，并能够按规定落实各项劳动保障政策。

a级标准要求评估分数达到100分以上,服务对象满意率达到90%以上;aa级标准要求评估分数达到120分以上,要求服务对象满意率达到90%以上,同时没有因政策落实或服务工作不到位出现上访情况,退休人员养老金资格认定率达100%且社区活动覆盖面达到40%,充分就业社区占所辖社区的50%以上;aaa级标准要求评估分数达到140分以上,服务对象满意率达到90%以上,同时没有因政策落实或服务工作不到位出现上访情况,退休人员养老金资格认定率100%且社区活动覆盖面达到55%,充分就业社区占所辖社区的70%以上,就业实名制抽查准确率100%。主要的服务评分项目分值分别为场地建设25分,基础工作15分,队伍建设20分,监督评议12分,工作创新18分,就业服务工作30分,退休人员社会化管理服务工作30分,满分150分。

(五)某省级行政区某县就业工作绩效评估

为进一步促进就业创业工作,确保各项就业创业惠民举措扎实推进,该省级行政区某县人社局按照"以评促建、以评促改、评建结合、推动工作"的原则,全面实施就业工作绩效评估制度。该县就业工作绩效评估的内容为就业创业工作的各个主要方面,主要包括就业工作目标任务完成情况、就业专项资金使用管理工作情况、农村富余劳动力转移就业工作情况、高校毕业生就业工作情况、创业促就业工作情况、职业培训工作情况等六个方面。评估方法则根据本地就业创业工作的实际情况,以工作成效、政策落实等定量数据为主,制度建设、基础建设和工作管理等定性情况为辅,按照统一的计算方法计算各具体指标分值以及总体评估得分。最后,根据评估结果分析存在的主要问题及其原因,制定针对性措施,改进工作中存在的不足,提高本地区就业创业工作的质量水平。

第三节　某省级行政区就业工作绩效评估工作现状

一、某省级行政区就业工作的基本情况

(一) 某省级行政区就业工作的整体形势

从 2011 年开始，面对复杂的经济环境和严峻的就业形势，某省级行政区党委、人民政府积极改善就业环境，紧紧围绕中共十八大以及十八届三中、四中全会精神，以稳增长保就业为重点，积极推动并实施各项就业政策，优化创业就业环境，以创新引领就业，以创业带动就业，连续多年实现城镇新增就业 40 万人以上，年末全区城镇登记失业率控制在 4% 以下的较低水平的总体目标，农村富余劳动力转移人数逐年增长，就业困难人员实现就业方面均超额完成当年目标，少数民族高校毕业生就业率连续多年超过 80%，保持了就业局势的总体稳定（见表 4-2）。

表 4-2　2011—2014 年某省级行政区就业工作基本情况（单位：万人）

就业目标	2011 年	2012 年	2013 年	2014 年
城镇新增就业	58.29	46.73	46	47
年末全区城镇登记失业率	3.22%	3.39%	3.4%	3.17%
农村富余劳动力转移人数	258.31	271.76	280	284.65
就业困难人员实现就业	6.76	7.1	5.5	5.86
少数民族高校毕业生就业率	—	80.49%	80%	82.33%

（二）某省级行政区就业工作的体系建设

为促进就业创业工作的有效开展，某省级行政区在就业工作组织建设和制度建设两个方面投入大量的人力、物力和财力，建立了相对完善的就业工作体系。

在组织建设方面，该省级行政区设立了三级人力资源社会保障部门，三级部门中均设有就业行政科室与公共就业服务机构；在乡镇（街道）、行政村（社区）普遍设立劳动就业社会保障服务平台；另外，还大力鼓励职业技能鉴定机构、职业培训机构（含各类技工院校）和劳动监察机构的建设与发展。这些部门与机构的服务内容包括就业政策咨询，就业信息发布，职业介绍与职业指导，创业服务指导，职业培训与创业培训，职业技能鉴定，人事劳动档案管理及配套服务，劳动监察；就业政策落实，促进重点群体就业、再就业；公共就业服务专项活动，专门领域促进就业计划的实施（发展纺织服装产业促进就业、南部"短平快"项目促进就业等)等就业工作的各个方面。

在制度建设方面,根据《关于进一步促进就业创业工作的意见》的精神,该省级行政区形成了新一轮促进就业创业的政策体系,涉及企业就业、重点群体就业、职业培训、创业等具体内容,并计划在之后的几年内,不断建立并完善包括目标任务制度、数据统计制度、信息管理制度和工作考核制度在内的制度体系。

(三) 就业工作的主要问题

在经济下行压力增大的情况下,某省级行政区的各项就业工作有序推进,超额完成了各年度制定的就业目标,保持了总体就业局势的平稳。但纵观近几年的就业情况,该省级行政区就业工作还存在以下三个问题。

1. 就业总量压力较大,结构性矛盾突出

该省级行政区需就业劳动力总量超出全年可吸纳的就业人数,再加上部分行业存在用工需求不足、减员压力持续加大的情况,供需更加不平衡,就业总量压力较大。在结构上,随着新型工业化的加快推进和大批企业的新建和落地,对应用型、技能型劳动者的需求大幅增加,技能人才短缺问题更加凸显,但由于大量农业富余劳动力在基本素质、就业观念和就业能力等方面不适应现代工业化生产的要求,导致招工难和就业难现象并存。尤其是南部地区人口密集,农村富余劳动力数量大,但经济发展相对滞后,企业少、规模小,农村富余劳动力受教育程度相对偏低,技能缺乏,语言沟通能力弱,这些都制约了劳动力的就业。

2. 就业质量差,就业稳定性低

在城镇新增就业中,50%左右属于灵活就业人员或短期的季节性务工,就业质量差,稳定性不足;还有很大一部分属于基层项目就业,这部分人主要是文化层次偏低、就业能力较弱、年龄偏大的就业困难人员,因而就业的稳定性相对较低,就业转失业频繁。另外,新增就业中的大学生村官、特岗教师、"三支一扶"计划志愿者、志愿服务者等人群还都面临着再就业问题。

3. 就业政策落实不力,影响就业工作的有效开展

一方面,各地政府受资金保障、行政理念等因素的影响,在落实各项就业扶持政策时存在末端落实不够,跟踪问效不够,全面落实不够等问题,存在企业吸纳就业人员社会保险补贴不到位的情况;另一方面,企业在用人时也未能严格遵守"中央企业新招用员工吸纳该省级行政区籍劳动者不低于70%,各类企业和在该省级行政区承揽生产经营和工程项目

的企业新招用员工中该省级行政区籍员工不得少于50%,政府投资重大建设项目和国有企业新招用人员中大中专毕业生比例不得低于30%"等政策规定,压缩了该省级行政区籍员工的就业空间。

二、某省级行政区就业工作绩效评估现状

为进一步提升该省级行政区就业创业工作水平,该省级行政区政府在2015年3月26日印发了《关于进一步促进就业创业工作的意见》,提出通过采取更加积极的就业政策,大力推进大众创业、万众就业,努力实现更加充分、更高质量和更加公平的就业,并明确把城镇新增就业、城镇登记失业率、农村富余劳动力转移就业作为宏观调控的指标,纳入各地经济社会发展规划,列入年度考核指标。为落实相应的政策精神,该省级行政区人力资源和社会保障厅于2015年对各地区2014年就业工作的情况进行了试点性绩效评估。

该省级行政区就业工作绩效评估的主体为人力资源和社会保障厅,评估对象为各级人力资源和社会保障局。评估内容主要包括就业工作目标任务完成情况(50%)、专项业务完成情况(40%)、工作组织管理情况(10%)等三大方面。其中,目标任务完成情况主要包括城镇新增就业目标完成比例、企业就业比例、稳定就业比例、城镇登记失业率控制情况等,专

项业务完成情况从就业专项资金使用管理工作情况(8%)、农村富余劳动力转移就业工作情况(8%)、高校毕业生就业工作情况(8%)、创业促就业工作情况(8%)和职业培训工作情况(8%)五个方面分别进行了考核,工作组织管理情况主要包括就业工作目标计划管理和基础工作开展情况。

评估指标以工作成效、政策落实等定量数据为主,以制度建设、基础建设和工作管理等定性情况为辅,按照统一的计算方法计算各具体指标分值以及总体评估得分。评估数据来源于各地上报的各项统计报表。评估周期有季度评估、半年评估和年度评估。评估结果划分为四个等级,其中评估分值≥85分为优秀;75分≤评估分值<85分为良好;60分≤评估分值<75分为达标;评估分值<60分的不达标。

评估结果将主要用于分析评判各地就业工作的进展情况,分析研究工作中存在的问题,指导各地全面加强就业创业工作,并逐步建立评估结果与评先评优和就业资金分配直接挂钩的制度,对较好完成年度就业创业工作的地州市,在申报就业创业项目、就业资金拨付等方面予以倾斜。

三、某省级行政区就业工作绩效评估工作改进方向

该省级行政区就业工作绩效评估在加强就业工作组织管理、强化各级政府和部门促进就业的第一责任、推动各项促进

就业创业的政策措施落到实处等方面发挥了重要的作用。但由于就业工作绩效评估是一项创新性工作,在该省级行政区,甚至在国内也很少有实践经验可供借鉴,所以在研究国内外政府绩效管理和就业工作绩效评估实践的基础上,针对该省级行政区当前就业工作绩效评估的工作现状,对该省级行政区就业工作绩效评估提出以下六个改进方向。

(一) 建立就业工作领导协调机制,明确各方主体的工作职责

就业工作的有效开展需要强有力的组织保障,需要各级政府和有关部门充分发挥其职能,因此,建立省级就业工作的领导协调机制、明确各方主体的工作职责就显得尤为重要。该省级行政区在党委、政府的领导下,成立就业工作绩效评估领导小组,负责指导与审核该省级行政区就业工作相关政策、制度的制定,各地州市年度就业工作目标与绩效计划的制定,以及就业工作考核结果的审议等;同时在该省级行政区人力资源和社会保障厅设立就业工作绩效评估领导小组办公室,负责就业工作政策制度的落实与监督执行,绩效评估的组织、协调和日常事务等;各级政府和有关部门须在就业工作绩效评估领导小组的指导和协调下,协同人力资源和社会保障部门开展所辖范围的就业工作。

（二）制定就业工作年度绩效计划，科学有效地分解就业工作目标

在该省级行政区就业工作总体目标确定的基础上，对就业工作绩效进行有效评估需要因地制宜地分解各地州市的绩效目标，并通过目标的完成情况（百分比、完成时间节点或质量）而非完成的绝对数进行横向与纵向比较，以此评判各地的就业工作质量。

绩效目标的分解可依照以下操作方式进行：每年年初，各地州市根据该省级行政区当年就业工作的总体目标、当地经济社会发展现状，以及上一年度就业工作目标完成情况，在该省级行政区就业工作绩效评估领导小组办公室的组织与指导下，制定当年就业工作绩效目标和工作计划，明确设定绩效工作开展的数量、质量、成本和时间等标准要求，形成并签订就业工作目标责任书。

（三）搭建就业工作指标框架体系，全面考察就业工作完成情况

该省级行政区就业工作绩效评估指标体系包括就业工作总体目标完成情况、专项工作完成情况和工作组织管理情况三大块内容，在大的层面上不需要再做调整，但在二级指标和三级指标的设定上，还需要丰富和完善，从投入、过程、产出，以及"4E"两种角度出发去提取、凝练更科学、合理、全面和有针对性的指标体系,并将其归纳为上述三大板块内容,形成具备内在逻辑性的指标体系。

(四) 拓展就业工作数据收集渠道,提高信息收集的质量与效率

由于是全国首创性的创新探索,各地州市在就业创业工作的制度建设、基础建设和组织管理等方面尚无直接的数据信息支持,所以就业工作绩效数据的收集需要从以下几个方面进行:针对不同类型的指标,确定其最有效的数据来源,而非完全依赖地方上报的统计报表数据;完善数据收集体系,有计划地开展就业工作情况调查,收集空缺职位信息、失业率、待岗天数、工作保持率、雇主和求职者对于就业服务的满意度等数据;加强劳动力市场信息化建设,随时更新和监控就业工作数据的变化;同步推进该省级行政区就业工作整体实名制,希望能够实现无须上报,数据库自行显示目前就业工作现状的目标。

(五) 完善就业工作绩效评估方式,调整就业评估周期

在评估方式上,可以采用自评、核对、抽查和评定四个步骤。

1. 自评

每年年底,各地州市组织对本地当年就业工作目标的执行与完成情况进行自评,并将当年就业工作总结和自评情况书面报告给该省级行政区就业工作领导小组办公室。

2. 核对

由该省级行政区就业工作领导小组办公室对各地州市自评情况进行核对。核对有疑问的,有关地方应对该项考评内容进行核实,并补充相关材料。

3. 抽查

该省级行政区就业工作领导小组组成检查组,赴各地级以上市(含有关县、市、区、街道、乡镇)进行实地抽查核实。核查的范围不低于评估范围的50%。

4. 评定

该省级行政区就业工作领导小组办公室根据自查、核对和抽查结果提出初评意见,提交该省级行政区就业工作领导小组会议评定。

在评估周期上,可以采取年度考核与季度考核相结合的方式。每季度对重点的考核指标进行过程监控,及时发现问题并纠偏,年终时再进行整体考核,这有利于提高各地州市对就业评估工作的关注度,便于以后逐步推进绩效评估。

(六) 加强就业工作评估结果的应用,落实评优与资金挂钩的制度

该省级行政区就业工作评估提出拟将评估结果"主要用于分析评判各地就业工作进展情况,分析研究工作中存在的问题,指导各地全面加强就业创业工作,并逐步建立评估结果与评先评优和就业资金分配直接挂钩的制度,对较好完成年度就业创业工作的地州市,在申报就业创业项目、就业资金拨付等方面予以倾斜"。除此之外,该省级行政区就业工作评估结果的应用还可借鉴国内外的实践经验,尽快建立相关制度明确评估结果与奖惩措施的关系,如将就业工作专项资金的分配与绩效评估结果挂钩等,提高就业工作评估的激励性与约束性;此外,还需不断开发新的应用方式,如"在关键指标上在各地州市之间进行横向对标管理"等,推动就业工作的改善。

但具体如何挂钩,需要尽快出台相应政策和制度,唯有真正将绩效评估结果落地,才能实现就业工作不断改进和完善的总体目标。

显然,这六个方面的改进不是能一蹴而就的,下面仅就该省级行政区改进后的就业工作指标框架体系做一个完整介绍。

第四节　某省级行政区就业工作绩效评估设计框架

一、总体目标

该省级行政区就业工作绩效评估的总体目标在于客观、公正地评价各地州市就业工作的成效，发现就业工作中存在的问题和不足，进一步提升政府就业工作质量，推动各项就业创业政策措施落实，建立、健全就业工作现代化、专业化、制度化的管理体系和工作体制，全面完成该省级行政区就业工作的目标任务，确保就业形势的总体稳定。具体而言，一是对全省级行政区就业工作进行整体把握。由于就业数据很多，仅看单一指标无法反映该省级行政区就业工作的整体情况。在工作中，省级行政区政府主要负责制定政策、安排任务、督促完成，而就业工作的实际是由各市县来完成的，所以需要对各地州市工作的完成情况加以评估，并通过评估督促其改进。二是通过评估形成激励氛围。通过在各地州市之间进行对比来进行评估，并对地州市就业工作完成情况进行排序，激励各地州市进行比学赶帮超。三是通过评估管住关键点。如重要的资金的使用与管理,重点群体,特殊地区,特殊情况等。

二、基本原则

(一) 结果评估为主,过程评估为辅

就业工作绩效评估同绩效管理一样,也需要遵循 PDCA 原则,即在就业工作绩效评估过程中,以评估就业工作目标完成情况为主,同时也应考虑就业工作开展过程的情况。例如,不仅要评估培训人次、转移就业人数等工作目标,还要评估培训师资数、受训人员能力提升程度、培训满意度等工作过程。

(二) 定量评估为主,定性评估为辅

政府就业工作总体目标的完成,需要各地州市就业工作的结果符合预期。这就要求,评估工作的开展要以各地州市往年就业创业实际工作的开展情况为基础,以工作成效、政策落实等定量数据为主,制度建设、组织管理、基础建设和工作管理等定性描述为辅。所以评估时不仅需评估城镇新增就业人数、城镇登记失业率等定量要素,还要考察组织管理中政策落实、工作计划开展、信息化平台建设等定性要素。

(三) 效益评估为主,效果评估为辅

以评估城镇新增就业人数、稳定就业比例、每 10 万元就

业资金促进就业人数等效益指标为主，以就业培训对能力的提升、就业工作满意度等效果指标为辅。

（四）保持目标及计算方法的一致性

一致性原则主要包括两个方面：目标一致性及计算方式一致性。目标一致性是指评估体系的导向，要同政府职责及需要完成的工作目标相一致，同时，重点工作任务目标也要与总体就业工作任务目标保持一致。计算方式一致性则要求对各地州市采用同样的评价指标及同样的指标计算方法，按照统一的计算方法评估各具体指标分值及总体得分。

（五）合理使用激励手段，促进工作改进

就业工作绩效评估的目标是改进就业工作。将评估结果区分为优、良、中、差四个层次，作为考核各地州市就业创业工作开展情况的重要依据之一，对完成比较好的地州市，予以正向激励，在申报就业创业项目、就业资金拨付等方面予以倾斜，逐步建立评估结果与评先评优、资金分配、编制分配等直接挂钩的制度体系，这有利于激励各地州市有效提高就业工作质量以获得更多奖励。

（六）持续优化原则

管理的工作不是一蹴而就的，必须坚持不断地投入精力。就业工作绩效评估是一项创新性工作，目前全国就业工作尚

处于目标责任管理阶段,全面地推进绩效评估工作,该省级行政区属于全国首例,所以,必然会有许多内容需要不断研究探索和改进完善。这就要求杜绝毕其功于一役的思想,同时,不断总结经验教训,对评估范围、评估指标、评估方法与评估周期等方面的内容提出建设性意见与建议。

三、指标设计

(一) 指标设计注意事项

就业工作纷繁复杂,覆盖的群体多种多样,如果没有系统的思考,势必会陷入评估准备、评估实施、评估改进等环节无穷无尽的事务之中,因此,要全局思考,系统设计,逐步推进,快速实施。就业工作绩效评估,最终是要体现在评估指标体系上,在具体实际就业工作绩效估指标时,需要注意以下三点。

1. 现实性

就业工作绩效评估的目标和指标既要符合该省级行政区就业工作的现实状况,其数据又要具有一定的可获得性。例如,目前由于基础设施薄弱,全国仅有不到1%的机构有满意度调查设备,所以满意度调查类型的指标明显不适合评估当前该省级行政区的就业工作。

2. 科学性

该省级行政区设计就业工作的绩效评价指标时，需要做到结构合理及指标全面。所谓结构合理，指的是总体目标、重点工作结构合理，指的是各指标项之间权重设置合理及计算方法合理。所谓指标全面，指的是对就业工作的时间、成本、数量、质量、效果、过程等方面全面覆盖。

3. 可控性

可控性体现在数据的可控性及结果的可控性。数据的可控性是指通过实名制、实时大数据等形式来避免统计数据的不可控性。针对该省级行政区就业工作的现状，可以从高校毕业生实名制入手，延伸至培训、公益性岗位、政策享受等领域，力求3—5年内实现全面实名制。结果的不可控则是因为部分指标缺少历史数据，无法依据过往工作设定目标值，所以，从数据真实性及结果可控性的需求出发，应设置"偏离值"计算方式，避免绩效结果"奇高奇低"的情况发生。

（二）指标设计原则

1. 总体把控，突出重点

就业绩效评估的目的是对全省级行政区的就业工作及进展做总体把控，通过制定政策、安排任务、督促完成，促使各地州市就业工作不断完善。在"更加充分的就业、更高质量的就业、更为公平的就业"的总体要求下，需要评估全省级行政区就业工作目标任务的完成情况，同时，重点就业群体也需特别关注，如高校毕业生群体、就业困难人群、农村富余劳动力等。

2. 整体系统化，局部结构化

因就业工作的全面性，在设计绩效评估体系时，除了对工作目标的结果指标进行评估外，还应对政策落实指标、组织管理指标、资金使用指标、人力投入指标等维度进行系统化考虑。系统构建评估指标体系后，还需要对局部指标进行结构化思考，如资金使用就应从资金支出结构、资金落实情况、资金筹集管理等维度进行二次分解。同样，各项指标都应进行二次甚至三次分解，以期更全面系统地评估就业工作，如就业专项资金评估维度就可以继续分解为资金筹集管理、资金支出格局、资金政策落实、资金使用效果等二级维度。为更好地评估就业工作，二级维度也可继续分解为三级维度，如资金使用效果维度可分解为就业资金促进就业总人数、每万元资金促进就业人数等最终评估维度。

3. 着重绩效管理，而非目标考核

目前国内各省市开展就业绩效评估，多以目标考核责任制为评估方式，如广东、安徽等。安徽省的就业评估从就业资金方面进行了专项评估，虽然起到了一定作用，但是全面性依

然不够,需要从目标考核上升到绩效管理的高度。

就业工作绩效评估,该省级行政区走在了全国前列。不同于传统的就业财政资金效果评估。绩效评估需要从绩效计划如目标计划管理入手,同时需要对过程进行把控,设置统计报表报送情况、材料报送情况等指标,在评估之后,还需对工作目标不断改进,力求做到"以评促建、评建结合",最终实现总体就业工作的目标。

4. 系统思考,逐步推进

该省级行政区就业工作评估,需要大量的数据做支撑。各地州市组织管理基础不一,因此应系统思考、逐步推进,如对于未上报数据,当期不做评估,个别地区未上报数据,可以采取平均值赋值等,但在一定时间之后,要逐步将所有指标及地州市纳入评估体系之内。

(三) 指标设计思路

实现比较充分的就业一直是我国全面建设小康社会的重要目标之一。根据中共十八大报告和十八届三中全会《决定》的精神,"十三五"期间我国就业工作的总体目标依然是要实现更加充分的、更高质量的就业,这对就业工作提出了更高的要求。为实现这一目标,政府需要从以下几个方面继续努力:①创造城镇就业,包括从农业转移、从农村迁移的劳动力;

②继续转移农业劳动力,加大农民的培训力度,培养成千上万的高技能农民;③控制城镇失业,促进就业与再就业;④实现更高质量、更加体面和更高报酬的就业,构建和谐劳动关系;⑤继续实施积极就业政策,健全促进就业创业的工作机制。

从上述目标与措施出发,本研究将就业工作绩效评估的主要内容分为总体目标、专项目标和就业组织3个一级维度。其中,总体目标考察扩大就业和控制失业2个二级维度,专项目标又分为农村富余劳动力转移就业(转移就业总体成效、转移就业分类成效、转移就业组织管理)、高校毕业生就业(历届高校毕业生就业、应届高校毕业生就业、就业政策落实、就业工作组织)、创业促就业工作(创业效果评价、创业政策落实、创业促就业工作组织)、就业培训(培训效果、就业技能培训、创业培训、专项培训、培训政策落实、培训工作组织)等4个二级维度,就业组织包括目标计划管理、基础工作情况、信息化建设等3个二级维度。以下是几类指标的设计思路示例。

1. 就业总体目标

为实现更加充分的就业的总体目标,各地一方面需要增加就业岗位以开源,另一方面需要控制失业率以节流,这在考核中体现为城镇新增就业人数和城镇登记失业率。考虑到各地经济发展、产业构成与劳动力构成的差异,各地确定的新增就业人数的目标也有所不同,为使考核能在各地进行横向比较,城镇新增就业人数指标调整为城镇新增就业人数目标的达成率,以此来反映各地充分就业工作的实际完成情况。

为实现更有质量的就业的总体目标,各地提供的新增就业需要具有一定的稳定性和较高的收入水平,这在考核中体现为企业就业比例、稳定就业比例、工资水平的增幅、求职者的满意度水平等。考虑到一方面工资增长水平受国家政策规定、物价水平、各地经济发展状况的影响较大,各地就业政策和就业工作对工资增长的影响很难准确衡量,另一方面调查求职者的满意度水平需花费巨大的人力、物力和财力,考核该指标可能会得不偿失,所以主要采用企业就业比例和稳定就业比例来反映各地实现更有质量的就业的成效。

2. 就业专项目标——农村劳动力转移就业

在十二届全国人大常委会第十二次会议就推进新农村建设的工作情况进行专题询问时,农业部副部长陈晓华提出:"对农民转移就业是三句话,一是引导有序的进城务工就业,二是鼓励就近就地就业,三是支持农民工返乡创业。"与此相对应,农村劳动力转移就业存在三大主要问题:①农村劳动力转移就业的基层服务平台较为薄弱,无序转移就业多,有组织的转移就业少;②农村劳动力素质较低,择业能力、就业竞争力不强；③技能培训补贴标准偏低，支付资金程序复杂，培训机构承担培训的积极性不高。从这一现状出发，农村劳动力转移就业工作主要从总体效果、政策落实和组织管理几个方面进行考核。

总体效果指标包括总体的转移就业目标达成情况和转移就业劳动力占农村富余劳动力的比例，这两个指标一方面考察了转移就业工作完成的绝对量，也考察了与目标相比工作完成的相对量，避免了因各地农村富余劳动力的总量差异或经济发展差异而造成的绩效偏差；另外通过考察转移就业的平均收入来反映转移就业的质量情况。

分类效果指标通过区分6个月以内的短期就业和6个月以上的就业来反映转移就业工作的质量。

另外，针对当前转移就业工作存在的主要问题，通过各项补贴发放的及时性和合规性考察政策落实的效果，通过转移就业工作平台建设、转移就业服务开展和转移就业统计工作来考察政府对于转移就业工作的组织管理情况。

3. 就业专项目标——就业培训

职业培训作为提高适龄劳动力的就业能力、从业素质的基本工作，培训的结果与质量直接影响充分就业和就业质量目标的实现。

按照投入-过程-产出原则,对职业培训的评估应该对培训人次、培训费用、培训补贴发放情况、培训设施投入、培训后就业人次、培训后平均待业时长、培训后平均月收入、培训规范管理等进行全面考察,但是考虑到该省级行政区就业工作的实际开展状况,此次指标选取培训结果、培训过程、培训资金、培训组织管理等维度进行考察。

其中,培训结果主要考察培训人数和费用,所以选取培训总人次、人均培训费用两项指标。

针对重点培训工作,也进行了指标设置,包括就业技能培训、创业培训和专项培训。

对就业技能培训的评估主要考察各地州市培训计划的完成情况和培训效果,并区别对待城镇失业人员和农村劳动力,因此设置城镇失业人员/农村劳动力培训计划完成率、城镇失业人员/农村劳动力培训后就业率等指标。

创业培训方面同样对培训计划完成率进行考察,由于该省级行政区就业工作基础数据薄弱,目前不建议考察创业培训成功率以及创业成功后吸纳就业数量等指标。

专项培训主要针对新成长劳动力,对计划完成率、培训后就业率进行考察,目前未覆盖"4050人员"、少数民族、妇女等特殊群体,随着省级行政区重点工作的逐步推进,后续将不断扩大考察群体。

培训资金方面主要考察培训补贴,为扩大补贴人群,设置就业技能培训补贴人数、创业培训补贴人数指标,同时为保证补贴总额符合政策要求,设立培训补贴资金总额方面的考察指标。

培训组织管理主要从培训信息管理系统、培训规范管理两个角度考察。信息系统方面设立系统应用范围、数据覆盖面、数据质量等指标,规范管理方面则设置管理制度及管理机制等指标。

(四) 指标打分方式

依据上述指标设计的思路、来源和评估要点,本研究建立了该省级行政区就业工作绩效评估的整体指标体系,并通过确定权重划分、指标定义和评分标准等初步解决了绩效评估指标单项与总体的关系、指标计算、数据真实度控制等问题。

根据该省级行政区就业工作绩效的特点和管理目标的特征,本研究将考核指标划分为以下四种类型。

1. 数量型指标

该类型指标的目标值是一个确定的数据,被考评对象在该指标上的完成值越高或越低,最终得分越高。如城镇新增就业人数目标达成率,各地在该指标上的完成值越高,得分越高;而城镇登记失业率,则是各地在该指标上的完成值越低得分越高。

另外,要求某指标的完成值大于某个数或小于某个数的,也属于该类型指标,如"地方财政配套资金占专项资金比(≥50%)""当年滚存结余因素(≤10%)"等。

在绝对的完成值之外,本研究还对各个地州市的目标完成情况进行了横向比较,一方面根据各地州市的经济发展状况、产业结构和人口结构等特征确定了差异化的目标值,另一方面对比各地州市目标值的完成情况,在某一指标上完成最好且超过目标值的地方其得分设定为权重的1.2倍,最差且低于目标值的地方得分为0。

计算方式如下:

针对完成值越高,得分越高的情况,其计算方式为:完成目标值,得分为权重值;完成值超出目标值时,得分为:权重+0.2×权重×(完成值-目标值)/(max-目标值);完成值低于目标值时,得分为:权重-权重×(目标值-完成值)/(目标值-min)。

针对完成值越低,得分越高的情况,其计算方式为:完成目标值,得分为权重值;完成值超出目标值时,得分为:权重-权重×(完成值-目标值)/(max-目标值);完成值低于目标值时,得分为:权重+0.2×权重×(目标值-完成值)/(目标值－min)。①

2. 范围型指标

该类型指标的目标值是一个范围,要求被考评对象在该指标上的完成值在该范围之内,如岗位补贴与社保补贴的占比,目标公益性岗位要求占比在 45％—55％之间。

在考核时,完成值在范围内时,得分为权重分;完成值超出该范围时(大于范围的较大值或小于范围的较小值)都要扣分,扣分时同样考察各地州市超出范围的情况,偏离范围最大的地州市得分为 0。

计算方式如下:

完成值在目标范围内,得分为权重值;

完成值大于目标高点,得分为:权重值－权重值×(完成值－目标高点)/最大偏离值;

完成值小于目标低点,得分为:权重值－权重值×(目标低点－完成值)/最大偏离值。②

3. 特殊值指标

该类型指标的目标值是一个特殊值,如 100％、0 或某一特定值。如资金到位及时率的目标值就为 100％,资金筹集

---

① 其中,max 为各地州市完成值的最大值,min 为各地州市完成值的最小值。
② 最大偏离值为(max－目标高点)与(目标低点－min)中的较大值。

管理中的"历年滚存结余因素"要求是0,各地做得再好也不会超过或低于该值。

在考核时,目标值是100%时,完成值最差的地方得分为0分,其他地方得分计算方式为:权重值－权重值×(100%－完成值)/(100%－min)。

目标值为0时,如果完成值是0,则该项得分为权重分,如果完成值不是0,则该项不得分。

目标值是其他特定值时,如果完成值是该特定值则得分为权重分。如果完成值不是该特定值,得分计算方式如下:完成值大于目标值,得分为:权重值－权重值×(完成值－目标值)/最大偏离值;完成值小于目标值,得分为:权重值－权重值×(目标值－完成值)/最大偏离值。

4. 扣分项指标

该类型指标主要是针对具体政策落实或者工作开展中可能存在的延误或者错误进行考核,如补贴发放的及时性要求各项补贴均能及时发放,补贴发放的合规性要求各项补贴的发放不出现违规现象,否则都会扣分。

具体的指标体系见第五节——该省级行政区就业工作绩效评估体系。

第五节　某省级行政区就业工作绩效评估体系

一、基本考虑

(一) 明确目标

该省级行政区人社厅于2015年初对该省级行政区14个地州市的就业工作绩效开展了试验性评估,已经基本包含了重要的思路和大量指标设计与计算方法的信息。本次研究的目的是:进一步简化评估程序,优化评估指标,规范评估行为,提高评估质量,增强推广的应用可行性。

(二) 基于现实

该省级行政区是欠发达地区,同时还承担着"社会稳定和长治久安"的重大历史任务,各级人社部门都面临工作人员匮乏、基础条件较差的现实问题,有关就业工作的数据信息只能依靠目前(及正在不断完善)的统计报表制度来提供,缺乏定期的、全面的、细致的数据,更不可能要求提供工作的过程性、中间性信息。

(三) 突出重点

在充分借鉴国际国内有关研究的思路和成果的基础上,重点解决好几个突出问题:对评估指标体系进行科学的规划设计,重点解决好指标体系的科学性与实用性问题,以及各个具体指标的计算模式化与便捷性问题,为全面的应用和推广奠定扎实基础。

二、设计思路

(一) 符合该省级行政区就业工作的特殊性,提高绩效评估的针对性

按照实用评估原则,根据该省级行政区就业工作的特点和就业工作管理的要求,明确评估的具体范围和领域,在结构上、内容上、要素上,能够基本覆盖就业工作,以各具体领域的工作绩效为评估对象,形成对总体就业工作绩效的评估结果。

(二) 更新建构绩效评估的理论基础,提高总体评估的理论水平

按照目标导向原则,以工作目标绩效为主要评估内容,以覆盖各主要工作领域的评估指标为评估点,搭建层次化、结构化、关系化的指标体系,形成适合该省级行政区就业工作重点

领域的评估理论模型。

(三) 采取定量评估为主的办法,增强工作绩效评估的操作水平

按照客观评估原则,主要采用定量化的数据信息作为评估依据,形成以定量评估为主、定性评估为辅的评估指标体系,更好地满足多领域、便捷化、客观性的评估操作要求。

(四) 将地区间现实的差异纳入评估,提高评估结果的可比性

按照公平公正原则,对具体领域的评估必须同时考虑地区间相关因素的差别(如不同地区间经济、人口的状况差异对就业的不同影响),才能排序比较地区间的工作水平,以达到评估结果公平、评估效果激励的效果。

(五) 以可获得的数据为主进行评估,提高评估工作的可推广性

按照可行可用原则,以就业统计报表和工作信息库的数据为评估数据的基本来源,在逐步推进实名制、信息化管理的过程中,提高评估过程的有效性。

(六) 研究设计控制质量的专项技术,提高评估结果的质量水平

按照质量管理原则,避免单纯靠报表数据获得更高评估得分的现象,采取数据交叉使用、子母共用方法,对数据进行有效控制,保证评估的基本质量。

(七)使用适于分级评估的简洁技术,提高评估工作的实用水平

按照简便易行的原则,以总体结构化、指标层次化、计算简洁化、结果明晰化、应用信息化为基础,有效支持省级和地州市级对下级的评估。

三、整体框架

(一)理论评估模型(图 4-1)

(1) 全覆盖:对就业工作的各个主要领域实现全部覆盖。

(2) 要素化:对各个领域内部,实现全要素的绩效评估。

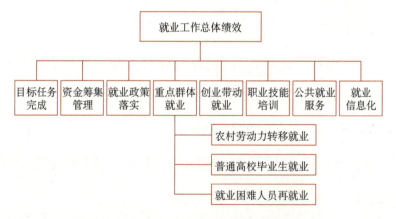

图 4-1 某省级行政区就业工作理论评估模型

(3) 结构化:每个领域各要素形成结构化的评估子系统。

(4) 精细化:对每个评估要素进行精细化的计算性评估。

(二) 年度评估模型(图 4-2)

(1) 主体覆盖:对该省级行政区就业工作的主要方面进行评估。

(2) 突出重点:以当前该省级行政区就业工作的重点领域为对象。

(3) 要素简化:根据现实数据情况确定各领域评估要素。

(4) 计算直接:采取更加直接的计算方法以便于应用。

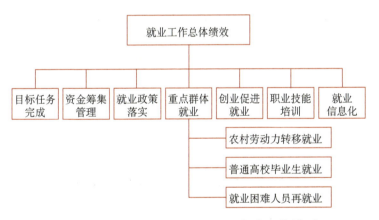

图 4-2 某省级行政区就业工作年度评估模型

(三) 半年评估模型(图 4-3)

(1) 重点进展:能够反映重点领域的进展情况。

(2) 结构把握：能够反映就业工作的总体情况。

(3) 结构要点：能够用少数领域反映主要结构。

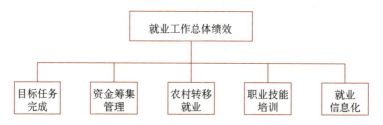

图 4-3　某省级行政区就业工作半年度评估模型

(四) 季度评估模型(图 4-4)

(1) 基于数据：当期相关就业数据可以获得。

(2) 基于要求：当期工作要求的分析研究对象。

(3) 基于实用：当期工作中有时间精力进行评估。

图 4-4　某省级行政区就业工作季度评估模型

(五) 专项评估模型

根据要求，结合实际数据情况，可选择任一领域进行评估。

四、评估结构

(一) 目标任务完成情况

(1) 内容:由反映就业工作总体进展和结果的要素构成。

(2) 要求:应该与现行工作目标任务相一致。

(3) 结构:如图 4-5 所示。

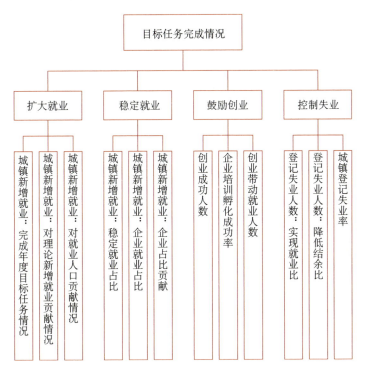

图 4-5 "目标任务完成情况"指标结构

(二) 就业资金筹集、使用、管理情况

(1) 内容：由反映就业资金筹集、使用、管理的要素组成。

(2) 要求：必须支持资金筹集、管理的地区间对比分析。

(3) 结构：如图 4-6 所示。

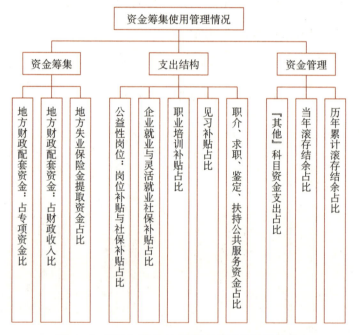

图 4-6 "资金筹集使用管理情况"指标结构

(三) 就业政策落实情况

(1) 内容：重点反映各个重点政策的落实情况。

(2) 要求：主要使用就业资金落实政策的情况。

(3) 结构：如图 4-7 所示。

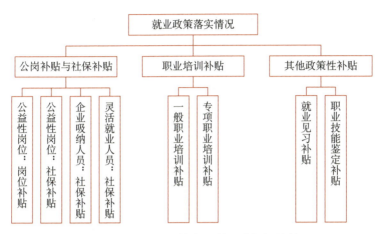

图 4-7 "就业政策落实情况"指标结构

（四）重点群体就业情况

(1) 内容：包含三个重点就业群体的分项评估。

(2) 要求：以实现就业的成效为重点评估内容。

(3) 结构：如图 4-8 所示。

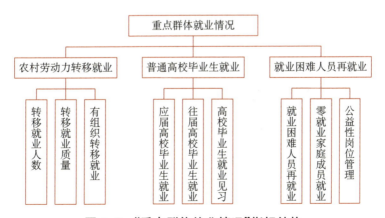

图 4-8 "重点群体就业情况"指标结构

（五）创业促进就业情况

（1）内容：包括创业政策和创业服务的成效情况。

（2）要求：必须反映创业带动就业的成效性结果。

（3）结构：如图 4-9 所示。

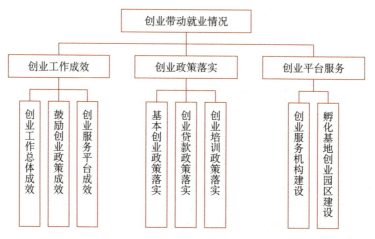

图 4-9 "创业带动就业情况"指标结构

（六）职业技能培训情况

（1）内容：包括职业技能培训的各个方面要素。

（2）要求：以职业培训的主要方面为重点进行评估。

（3）结构：如图 4-10 所示。

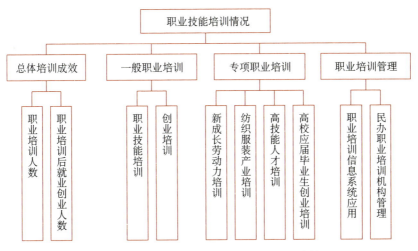

图 4-10 "职业技能培训情况"指标结构

(七) 职业技能鉴定情况(根据需求新增项)

(1) 内容:包含技能鉴定的主要内容(可包含在职业培训中)。

(2) 要求:重点以鉴定工作支撑就业工作的成效进行评估。

(3) 结构:如图 4-11 所示。

图 4-11 "职业技能鉴定情况"指标结构

（八）公共就业服务情况

（1）内容：包括公共就业服务可评估的各个方面内容。

（2）要求：以直接产生的成果为依据进行评估。

（3）结构：如图 4-12 所示。

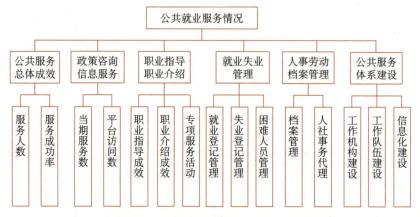

图 4-12 "公共就业服务情况"指标结构

（九）就业信息化建设情况

（1）内容：包含就业信息化和实名制的各方面内容。

（2）要求：以信息系统覆盖面和数据质量为重点进行评估。

（3）结构：如图 4-13 所示。

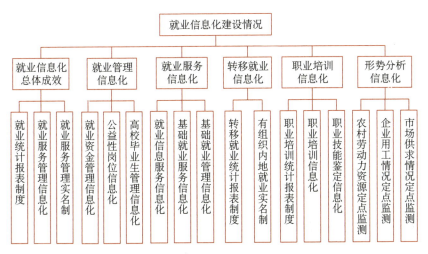

图 4-13 "就业信息化建设情况"指标结构

五、技术规划

(一) 范围规划

目标:确定评估的具体工作内容和层次。

(1) 工作总体:指就业工作的总体。

(2) 工作领域:指就业工作的独立工作领域,如就业资金的管理使用、职业培训、创业等。

(3) 工作项目:指工作领域中的具体工作内容,如职业培训中的技能培训、专项培训等。

(4) 工作科目:指工作项目中的具体工作活动,如专项培训中的新成长劳动力培训等。

(二) 要素规划

目标：确定必须考虑的因素，作为确定指标及其计算方法的依据。

（1）目标类要素：指以应达到的具体工作目标任务水平值为依据进行的标准参照评估。

（2）平均类要素：指以全区平均水平值为依据对各地区达标程度进行的常模参照评估。

（3）比较类要素：指以各地区间达标差异为依据对各地区进行的顺序参照评估。

（4）背景类要素：指以各地区在经济、社会、人口间的差异作为评估的基础参照背景。

(三) 指标规划

目标：确定各个评估内容所应包含的具体指标及其明确定义。

（1）评估指标：用以反映绩效水平的具体指标。

① 一级指标：代表一个地区就业工作的总体绩效水平。

② 二级指标：代表一个地区某工作领域的绩效水平。

③ 三级指标：代表一个地区某工作项目的绩效水平。

④ 四级指标：用于评估工作项目绩效水平的计算类指标。

（2）计算指标：用以计算绩效水平的数据型指标。

① 功能指标：用于直接计算四级指标的数据，一般采用中间数据指标。

② 原始指标：直接用于计算功能指标的原始数据，一般采用统计数据。

③ 通用指标：用于计算各类功能指标的外部数据，一般采用年鉴数据。

(四) 算法规划

目标：确定评估中各个指标的具体计算方法。

（1）加权类算法：四级及以上的指标均采用结构化加权方法计算。

（2）相关类算法：原始指标一般采取相对或绝对方式计算，以用于地区间的比较。

① 相对数法：一般用基于原始或通用指标数据的平均数占比。

② 绝对数法：一般用基于原始或通用指标数据的目标数占比。

（3）综合类算法：功能指标将根据要求，采取多种方法进行综合计算。

① 目标差值：一个地区的实际完成数与目标要求数间的

差值。

② 平均差值：一个地区的实际完成数与总体平均数间的差值。

③ 理论差值：一个地区的实际完成数与理论估算数间的差值。

④ 排列等次：一个地区的实际完成数在全区中的排序位置。

（4）制约类算法：正向和逆向使用重要的原始数据，以抵消各地统计数据的偏差。

① 分子分母法：为有效控制统计数据人为调整的问题，同一数据在一个计算维度内既做分子也做分母。

② 外部调整法：引入外部通用数据作为重要原始数据的背景值，以反映经济、社会、环境因素的作用。

（五）结构规划

目标：确定各个评估内容的总体结构。

（1）权重方案：四级及以上指标按权重计算的具体方案。

① 标准规划：按统一标准权重进行汇总计算，用于年度评估。

② 专用规划：按专用权重进行汇总计算，用于简化或特定评估。

(2) 权重设置:各级权重设置的具体方法。

① 理论设置:按理论构想进行设置。

② 交叉设置:结合理论构想与专家评价,对权重进行设置。

(3) 结构规划:以领域为单位,形成评估的总体结构表。

① 指标规划:包括四级以上指标的整体结构。

② 权重规划:结构内各个指标有明确的权重赋值(标准与专用)。

(六) 操作规划

目标:确定评估指标体系的使用规则与具体方法。

(1) 操作层级。

① 省级:由省级政府实施,对地州市进行评估。

② 地州市级:由地州市实施,对县市区进行评估。

(2) 操作规程。

① 数据规则:原始,真实;完整,有效。

② 计算规则:统一,规范;准确,核证。

③ 报告规则:全面,合规;及时,保密。

④ 发布规则:排序,激励;内部,上报。

(3) 操作要求。

① 数据采集:由各相关工作领域的职能单位完成。

② 评估计算：由该省级行政区人社厅专业工作组或外部专业机构完成。

③ 管理责任：该省级行政区人社厅领导小组。

六、计算模板

（一）目标任务完成情况

1. 评估结构表

表4-3 "目标任务完成情况"评估结构表

三级指标		四级指标	
名称	权重	名称	权重
扩大就业	W_{UP1}	城镇新增就业：完成年度目标任务情况	W_{UP1-1}
		城镇新增就业：对理论新增就业贡献情况	W_{UP1-2}
		城镇新增就业：对就业人口贡献情况	W_{UP1-3}
稳定就业	W_{UP2}	稳定就业占比	W_{UP2-1}
		企业就业占比	W_{UP2-2}
		企业就业贡献	W_{UP2-3}
鼓励创业	W_{UP3}	创业成功人数	W_{UP3-1}
		创业带动就业人数	W_{UP3-2}
		创业培训成效	W_{UP3-3}
		孵化基地创业园区成效	W_{UP3-4}

(续表)

三级指标		四级指标	
名称	权重	名称	权重
控制失业	W_{UP4}	登记失业人数∶实现就业比	W_{UP4-1}
		登记失业人数∶降低结余比	W_{UP4-2}
		城镇登记失业率	W_{UP4-3}

2. 指标计算方法

表 4-4　"目标任务完成情况"指标计算方法

三级指标	四级指标	计算方法	
		计算思路	计算方法
扩大就业	城镇新增就业∶完成年度目标任务情况	按完成年度目标任务人数比计算	【完成目标占比】+【地区间简单数值差异】
	城镇新增就业∶对理论新增就业贡献情况	按实际完成数与理论测算数之比计算	
	城镇新增就业∶对就业人口贡献情况	按实际完成数对就业人口贡献比计算	【对就业人口贡献】+【对就业增长贡献】
稳定就业	稳定就业占比	按稳定就业人数占新增就业人数比例计算	【平均值达标程度】+【地区间 Z 分数加权差异】
	企业就业占比	按企业就业人数占新增就业人数比例计算	
	企业就业贡献	按企业就业人数对从业人员总数贡献计算	

247

(续表)

三级指标	四级指标	计算方法	
		计算思路	计算方法
鼓励创业	创业成功人数	按创业成功人数的相对价值计算	【相对就业人数】+【相对人均GDP】
	创业带动就业人数	按创业带动就业人数的相对价值计算	
	创业培训成效	按创业培训人数和培训后创业成功人数计算	
	孵化基地创业园区成效	按孵化基地创业园区培养成功企业数计算	
控制失业	登记失业人数：实现就业比	按当期内登记失业人员实现就业人数占比计算	【平均值达标程度】+【地区间简单数值差异】
	登记失业人数：降低结余比	按当期末登记失业人数结余数降低比例计算	
	城镇登记失业率	按城镇登记失业率达标和地区间差异计算	

（二）资金筹集使用管理情况

1. 评估结构表

表 4-5 "资金筹集使用管理情况"评估结构表

三级指标		四级指标	
名称	权重	名称	权重
资金筹集	W_{UM1}	地方财政配套资金：占专项资金比	W_{UM1-1}
		地方财政配套资金：占财政收入比	W_{UM1-2}
		地方失业保险金提取资金占比	W_{UM1-3}

(续表)

三级指标		四级指标	
名称	权重	名称	权重
支出结构	W_{UM2}	公益性岗位：岗位补贴与社保补贴占比	W_{UM2-1}
		企业就业与灵活就业社保补贴占比	W_{UM2-2}
		职业培训补贴占比	W_{UM2-3}
		见习补贴占比	W_{UM2-4}
		职介补贴、求职补贴、鉴定补贴、扶持公共就业服务等资金占比	W_{UM2-5}
资金管理	W_{UM3}	"其他"科目资金支出占比	W_{UM3-1}
		当年滚存结余占比	W_{UM3-2}
		历年累计滚存结余占比	W_{UM3-3}

2. 指标计算方法

表4-6 "资金筹集使用管理情况"指标计算方法

三级指标	四级指标	计算方法	
		计算思路	计算方法
资金筹集	地方财政配套资金：占专项资金比	按文件规定的占比计算	【与目标要求间差异】的【地区排序】
	地方财政配套资金：占财政收入比		
	地方失业保险金提取资金占比		
支出结构	公益性岗位：岗位补贴与社保补贴占比		
	企业就业与灵活就业社保补贴占比		
	职业培训补贴占比		
	见习补贴占比		

(续表)

三级指标	四级指标	计算方法	
		计算思路	计算方法
支出结构	职介补贴、求职补贴、鉴定补贴、扶持公共就业服务等资金占比	按文件规定的占比计算	【与目标要求间差异】的【地区排序】
资金管理	"其他"科目资金支出占比		
	当年滚存结余占比		
	历年累计滚存结余占比		

(三) 就业政策落实情况

1. 评估结构表

表4-7 "就业政策落实情况"评估结构表

三级指标		四级指标	
名称	权重	名称	权重
基础政策	W_{UA1}	公益性岗位:岗位补贴	W_{UA1-1}
		公益性岗位:社保补贴	W_{UA1-2}
		企业吸纳人员:社保补贴	W_{UA1-3}
		灵活就业人员:社保补贴	W_{UA1-4}
培训政策	W_{UA2}	总体技能培训补贴	W_{UA2-1}
		城镇失业人员培训补贴	W_{UA2-2}
		农村劳动力培训补贴	W_{UA2-3}

(续表)

三级指标		四级指标	
名称	权重	名称	权重
培训政策	W_{UA2}	创业培训补贴	W_{UA2-4}
		新成长劳动力培训补贴	W_{UA2-5}
		纺织服装业培训补贴	W_{UA2-6}
其他政策	W_{UA3}	就业见习补贴	W_{UA3-1}
		职业技能鉴定补贴	W_{UA3-2}

2. 指标计算方法

表 4-8 "就业政策落实情况"指标计算方法

三级指标	四级指标	计算方法	
		计算思路	计算方法
基础政策	公益性岗位:岗位补贴	按与公益性岗位补贴标准的差距计算	【与目标要求间差异】的【地区排序】
	公益性岗位:社保补贴	按企业就业与灵活就业社保补贴标准的差距计算	
	企业吸纳人员:社保补贴	按地区间补贴平均值计算	【与平均值差异】的【地区排序】
	灵活就业人员:社保补贴		
培训政策	总体技能培训补贴	按地区间补贴平均值计算	【与平均值差异】的【地区排序】
	城镇失业人员培训补贴		
	农村劳动力培训补贴	按目标要求和地区差异计算	【与目标要求差异】+【地区平均值排序】
	创业培训补贴		

(续表)

三级指标	四级指标	计算方法	
		计算思路	计算方法
培训政策	新成长劳动力培训补贴	按目标要求和地区差异计算	【与目标要求差异】+【地区平均值排序】
	纺织服装业培训补贴		
其他政策	就业见习补贴	按地区间补贴平均值计算	【与平均值差异】的【地区排序】
	职业技能鉴定补贴		

(四) 重点群体就业情况

1. 评估结构表

表 4-9 "重点群体就业情况"评估结构表

三级指标		四级指标	
名称	权重	名称	权重
农村劳动力转移就业	W_{U01}	转移就业人数	$W_{U01\text{-}1}$
		转移就业质量	$W_{U01\text{-}2}$
		有组织转移就业	$W_{U01\text{-}3}$
高校毕业生就业	W_{U02}	应届高校毕业生就业	$W_{U02\text{-}1}$
		往届高校毕业生就业	$W_{U02\text{-}2}$
		高校毕业生就业见习	$W_{U02\text{-}3}$
困难人员再就业	W_{U03}	促进就业困难人员就业	$W_{U03\text{-}1}$
		消除零就业家庭	$W_{U03\text{-}2}$
		公益性岗位安置	$W_{U03\text{-}3}$

2. 指标计算方法

表 4-10　"重点群体就业情况"指标计算方法

三级指标	四级指标	计算方法	
		计算思路	计算方法
农村劳动力转移就业	转移就业人数	请参考下级指标计算思路和方法的说明	
	转移就业质量		
	有组织转移就业		
高校毕业生就业	应届高校毕业生就业		
	往届高校毕业生就业		
	高校毕业生就业见习		
困难人员再就业	促进就业困难人员就业		
	消除零就业家庭		
	公益性岗位安置		

注:"重点群体就业情况"下设三个分项,可独立评估,也可以统一在此项下做整体评估。

(一) 农村劳动力转移就业情况

1. 评估结构表

表 4-11　"农村劳动力转移就业情况"评估结构表

三级指标		四级指标	
名称	权重	名称	权重
转移就业人数	$W_{U01\text{-}1}$	转移就业人数:完成目标任务	$W_{U01\text{-}1\text{-}1}$
		转移就业人数:对全区转移就业的贡献	$W_{U01\text{-}1\text{-}2}$
		转移就业人数:对本地转移就业的贡献	$W_{U01\text{-}1\text{-}3}$

(续表)

三级指标		四级指标	
名称	权重	名称	权重
转移就业质量	W_{U01-2}	6个月以下转移就业人数占比	$W_{U01-2-1}$
		6个月以上转移就业人数：转移就业人数占比	$W_{U01-2-2}$
		6个月以上转移就业人数：城镇就业人数占比	$W_{U01-2-3}$
		6个月以上转移就业人数：省级行政区内企业就业人数占比	$W_{U01-2-4}$
有组织转移就业	W_{U01-3}	转移就业人数：对全区贡献	$W_{U01-3-1}$
		转移就业人数：对本地贡献	$W_{U01-3-2}$

2. 指标计算方法

表4-12 "农村劳动力转移就业情况"指标计算方法

三级指标	四级指标	计算方法	
		计算思路	计算方法
转移就业人数	转移就业人数：完成目标任务	按完成目标计划的比例和地区间差异计算	【完成目标占比】+【地区间差异】
	转移就业人数：对全区转移就业贡献	以本地农村劳动力占比为基数计算	【转移占比/农村劳动力占比】+【地区间差异】
	转移就业人数：对本地转移就业的贡献	以农村富余劳动力为基数计算	【转移富余劳动力占比】+【地区间差异】

(续表)

三级指标	四级指标	计算方法	
		计算思路	计算方法
转移就业质量	6个月以下转移就业人数占比	以全区平均值为标准计算	【平均值离差程度】
	6个月以上转移就业人数:转移就业人数占比	以全区最高值为标准计算	【与最高值差异】
	6个月以上转移就业人数:城镇就业人数占比		
	6个月以上转移就业人数:省级行政区内企业就业人数占比		
有组织转移就业	转移就业人数:对全区贡献	以富余劳动力修正后的目标值为基础计算	【修正目标值达标程度】+【地区间差异】
	转移就业人数:对本地贡献	以企业就业占比修正后的目标值为基础计算	

(二) 高校毕业生就业情况

1. 评估结构表

表 4-13 "高校毕业生就业情况"评估结构表

三级指标		四级指标	
名称	权重	名称	权重
应届毕业生就业	$W_{UO2\text{-}1}$	应届毕业生就业率	$W_{UO2\text{-}1\text{-}1}$
		应届毕业生稳定就业率	$W_{UO2\text{-}1\text{-}2}$
		应届少数民族毕业生就业率	$W_{UO2\text{-}1\text{-}3}$
		应届女性毕业生就业率	$W_{UO2\text{-}1\text{-}4}$

(续表)

三级指标		四级指标	
名称	权重	名称	权重
往届毕业生就业	$W_{U02\text{-}2}$	往届毕业生就业率	$W_{U02\text{-}2\text{-}1}$
		往届毕业生稳定就业率	$W_{U02\text{-}2\text{-}2}$
		往届少数民族毕业生就业率	$W_{U02\text{-}2\text{-}3}$
		往届女性毕业生就业率	$W_{U02\text{-}2\text{-}4}$
毕业生就业见习	$W_{U02\text{-}3}$	高校毕业生就业见习人数	$W_{U02\text{-}3\text{-}1}$
		高校毕业生就业见习后就业人数	$W_{U02\text{-}3\text{-}2}$

2. 指标计算方法

表4-14 "高校毕业生就业情况"指标计算方法

三级指标	四级指标	计算方法	
		计算思路	计算方法
应届毕业生就业	应届毕业生就业率	以全区平均值为标准计算	【与全区平均值的差异】+【地区间差异】
	应届毕业生稳定就业率		
	应届少数民族毕业生就业率		
	应届女性毕业生就业率		
往届毕业生就业	往届毕业生就业率		
	往届毕业生稳定就业率		
	往届少数民族毕业生就业率		
	往届女性毕业生就业率		
毕业生就业见习	高校毕业生就业见习人数		
	高校毕业生就业见习后就业人数		

(三) 就业困难人员再就业情况

1. 评估结构表

表 4-15 "就业困难人员再就业情况"评估结构表

三级指标		四级指标	
名称	权重	名称	权重
困难人员就业	W_{UO3-1}	困难人员减少率（任务量）	$W_{UO3-1-1}$
		困难人员实现就业率	$W_{UO3-1-2}$
		解决困难人员贡献率	$W_{UO3-1-3}$
消除零就业家庭	W_{UO3-2}	消除零就业家庭户数	$W_{UO3-2-1}$
		实现就业人数贡献率	$W_{UO3-2-2}$
公益性岗位安置	W_{UO3-3}	公益性岗位占有率	$W_{UO3-3-1}$
		公益性岗位增长率	$W_{UO3-3-2}$
		工作性公益性岗位占比	$W_{UO3-3-3}$

2. 指标计算方法

表 4-16 "就业困难人员再就业情况"指标计算方法

三级指标	四级指标	计算方法	
		计算思路	计算方法
困难人员就业	困难人员减少率（任务量）	以全区平均值为标准计算	【平均值达标程度】+【地区间差异】
	困难人员实现就业率		
	解决困难人员贡献率	以对全区解决就业困难人数贡献率计算	【按从业人员占城镇人员比例修正】+【对全区贡献】

257

(续表)

三级指标	四级指标	计算方法	
		计算思路	计算方法
消除零就业家庭	消除零就业家庭户数	以零就业家庭"清零"为目标值计算	【目标值达标程度】+【地区间差异】
	实现就业人数贡献率		
公益性岗位安置	公益性岗位占有率	以全区平均占有率为标准计算	
	公益性岗位增长率	以全区平均增长率为标准计算	【平均值达标程度】+【地区间差异】
	工作性公益性岗位占比	以全区平均占比为标准计算	

(五)创业带动就业情况

1. 评估结构表

表 4-17 "创业带动就业情况"评估结构表

三级指标		四级指标	
名称	权重	名称	权重
创业工作成效	W_{UB1}	工作成效:新增就业占比	W_{UB1-1}
		工作成效:带动就业比率	W_{UB1-2}
		政策成效:创业贷款成功比率	W_{UB1-3}
		政策成效:创业贷款带动就业比率	W_{UB1-4}
		平台成效:企业成活率	W_{UB1-5}
		平台成效:带动就业比率	W_{UB1-6}

(续表)

三级指标		四级指标	
名称	权重	名称	权重
创业政策落实	W_{UB2}	基础创业政策:享受创业社保补贴比率	W_{UB2-1}
		基础创业政策:享受带动就业社保补贴比率	W_{UB2-2}
		基础创业政策:享受房租、水电补贴比率	W_{UB2-3}
		创业贷款政策:享受人数比率	W_{UB2-4}
		创业培训政策:享受补贴比率	W_{UB2-5}
创业服务平台	W_{UB3}	创业服务机构建设比率	W_{UB3-1}
		孵化基地建设比率	W_{UB3-2}
		创业园区建设比率	W_{UB3-3}

2. 指标计算方法

表 4-18 "创业带动就业情况"指标计算方法

三级指标	四级指标	计算方法	
		计算思路	计算方法
创业工作成效	工作成效:新增就业占比	以全区平均值为标准计算	【平均值差距计算】
	工作成效:带动就业比率		
	政策成效:创业贷款成功比率		
	政策成效:创业贷款带动就业比率		
	平台成效:企业成活率		
	平台成效:带动就业比率		
创业政策落实	基础创业政策:享受创业社保补贴比率		
	基础创业政策:享受带动就业社保补贴比率		
	基础创业政策:享受房租、水电补贴比率		

(续表)

三级指标	四级指标	计算方法	
		计算思路	计算方法
创业政策落实	创业贷款政策:享受人数比率	以全区平均值为标准计算	【平均值差距计算】
	创业培训政策:享受补贴比率		
创业服务平台	创业服务机构建设比率		
	孵化基地建设比率		
	创业园区建设比率		

(六) 职业技能培训情况

1. 评估结构表

表 4-19 "职业技能培训情况"评估结构表

三级指标		四级指标	
名称	权重	名称	权重
总体成效	W_{UT1}	培训目标计划完成情况	W_{UT1-1}
		培训后实现就业创业的情况	W_{UT1-2}
常规培训	W_{UT2}	城镇失业人员培训:完成计划与实现就业情况	W_{UT2-1}
		农村劳动力培训:完成计划与实现就业情况	W_{UT2-2}
		创业培训:完成计划与实现创业情况	W_{UT2-3}
专项培训	W_{UT3}	新成长劳动力培训:完成计划与实现就业情况	W_{UT3-1}
		纺织服装业培训:完成计划与实现就业情况	W_{UT3-2}
		高技能人才培训:完成计划与实现持证情况	W_{UT3-3}

(续表)

三级指标		四级指标	
名称	权重	名称	权重
其他培训	W_{UT4}	职业技能鉴定：目标计划完成情况	W_{UT4-1}
		企业内培训：目标计划完成情况	W_{UT4-2}
培训管理	W_{UT5}	职业培训信息系统应用情况	W_{UT5-1}
		民办职业培训机构管理情况	W_{UT5-2}

2. 指标计算方法

表4-20 "职业技能培训情况"指标计算方法

三级指标	四级指标	计算方法	
		计算思路	计算方法
总体成效	培训目标计划完成情况	按目标计划完成情况计算	【完成目标占比】+【地区间差异】
	培训后实现就业创业的情况		【完成目标占比】+【平均数离差】+【地区间差异】
常规培训	城镇失业人员培训：完成计划与实现就业情况	1. 按与目标计划的差距计算达标情况 2. 按与平均水平的差距计算实现就业情况	1.【完成目标占比】+【地区间差异】 2.【平均水平离差】+【地区间差异】
	农村劳动力培训：完成计划与实现就业情况		
	创业培训：完成计划与实现创业情况		
专项培训	新成长劳动力培训：完成计划与实现就业情况	1. 按与目标计划的差距计算达标情况 2. 按与平均水平的差距计算实现就业情况	1.【完成目标占比】+【地区间差异】 2.【平均水平离差】+【地区间差异】
	纺织服装业培训：完成计划与实现就业情况		
	高技能人才培训：完成计划与实现持证情况		

(续表)

三级指标	四级指标	计算方法	
		计算思路	计算方法
其他培训	职业技能鉴定：目标计划完成情况	按目标计划完成情况计算	【完成目标占比】+【地区间差异】
	企业内培训：目标计划完成情况		
培训管理	职业培训信息系统应用情况	按目标计划完成情况计算	【完成目标占比】+【地区间差异】
	民办职业培训机构管理情况		

（七）就业信息化建设情况

1. 评估结构表

表 4-21 "就业信息化建设情况"评估结构表

三级指标		四级指标	
名称	权重	名称	权重
信息系统实名制	W_{UI1}	农村转移就业劳动力	W_{UI1-1}
		高校毕业生	W_{UI1-2}
		登记失业人员	W_{UI1-3}
		就业困难人员	W_{UI1-4}
		享受失业保险待遇人员	W_{UI1-5}
业务系统应用情况	W_{UI2}	覆盖地区单位	W_{UI2-1}
		覆盖业务功能领域	W_{UI2-2}
		覆盖服务管理对象范围	W_{UI2-3}
		覆盖信息的数量和质量	W_{UI2-4}

(续表)

三级指标		四级指标	
名称	权重	名称	权重
专项系统应用情况	W_{U13}	公益性岗位管理	W_{U13-1}
		高校毕业生管理	W_{U13-2}
		农村劳动力转移就业管理	W_{U13-3}
		职业培训管理	W_{U13-4}
		职业技能鉴定管理	W_{U13-5}
信息监测	W_{U14}	农村劳动力资源定点监测	W_{U14-1}
		企业用工情况定点监测	W_{U14-2}
		市场供求情况定点监测	W_{U14-3}

说明：关于上述三个领域的评估设计。

考虑到目前该省级行政区人社厅正在研究上述三领域的工作范围和评估思路，尚未提出评估的具体要求，也未提供比较充分的相关数据，还难以开展进一步的分析研究。

对于【职业技能鉴定】的工作绩效评估，目前已经将其作为职业培训工作的组成部分，对职业技能鉴定的年度鉴定工作目标计划的完成情况进行了评估。

对于【公共就业服务】的工作绩效评估，目前尚不确定是否纳入就业工作绩效评估范围，也未获得相关数据。

对于【就业信息化建设】的工作绩效评估，已经获得了职业培训信息系统应用的部分数据，并作为职业培训工作的组成部分进行了初步评估。同时，基于目前所获得的就业信息系统应用情况，正在进行试验性评估。

待该省级行政区人社厅对上述领域的评估工作提出具体要求并提供更加全面的相关数据后，即会组织开展分析研究，并提出上述三个部分和其他相关具体领域的工作绩效评估指标体系。

（八）就业工作绩效总体评估结构

表4-22 就业工作绩效总体评估结构

一级指标	二级指标	三级指标		四级指标	
		权重	名称	权重	名称
就业工作总体绩效评估（TEOE）	目标任务完成情况（U_P）W_{UP}	W_{UP1}	扩大就业	W_{UP1-1}	城镇新增就业：完成年度目标任务的情况
				W_{UP1-2}	城镇新增就业：对理论新增就业贡献情况
				W_{UP1-3}	城镇新增就业：对就业人口贡献情况
		W_{UP2}	稳定就业	W_{UP2-1}	稳定就业占比
				W_{UP2-2}	企业就业占比
				W_{UP2-3}	企业就业贡献
		W_{UP3}	鼓励创业	W_{UP3-1}	创业成功人数
				W_{UP3-2}	创业带动就业人数
				W_{UP3-3}	创业培训成效
				W_{UP3-4}	孵化基地创业园区成效
		W_{UP4}	控制失业	W_{UP4-1}	登记失业人数：实现就业比
				W_{UP4-2}	登记失业人数：降低结余比
				W_{UP4-3}	城镇登记失业率

(续表)

一级指标	二级指标	三级指标		四级指标	
		权重	名称	权重	名称
就业工作总体绩效评估（TEOE）	W_{UM} 资金筹集使用管理情况（U_M）	W_{UM1}	资金筹集	W_{UM1-1}	地方财政配套资金：占专项资金比
				W_{UM1-2}	地方财政配套资金：占财政收入比
				W_{UM1-3}	地方失业保险金提取资金占比
		W_{UM2}	支出结构	W_{UM2-1}	公益性岗位：岗位补贴与社保补贴占比
				W_{UM2-2}	企业就业与灵活就业社保补贴占比
				W_{UM2-3}	职业培训补贴占比
				W_{UM2-4}	见习补贴占比
				W_{UM2-5}	职介补贴、求职补贴、鉴定补贴、扶持公共就业服务等资金占比
		W_{UM3}	资金管理	W_{UM3-1}	"其他"科目资金支出占比
				W_{UM3-2}	当年滚存结余占比
				W_{UM3-3}	历年累计滚存结余占比
	W_{UA} 政策落实情况（U_A）	W_{UA1}	基础政策	W_{UA1-1}	公益性岗位：岗位补贴
				W_{UA1-2}	公益性岗位：社保补贴
				W_{UA1-3}	企业吸纳人员：社保补贴
				W_{UA1-4}	灵活就业人员：社保补贴
		W_{UA2}	培训政策	W_{UA2-1}	总体技能培训补贴
				W_{UA2-2}	城镇失业人员培训补贴
				W_{UA2-3}	农村劳动力培训补贴

(续表)

一级指标	二级指标	三级指标		四级指标	
		权重	名称	权重	名称
就业工作总体绩效评估(TEOE)	W_{UA} 政策落实情况(U_A)	W_{UA2}	培训政策	W_{UA2-4}	创业培训补贴
				W_{UA2-5}	新成长劳动力培训补贴
				W_{UA2-6}	纺织服装业培训补贴
		W_{UA3}	其他政策	W_{UA3-1}	就业见习补贴
				W_{UA3-2}	职业技能鉴定补贴
	W_{UO} 重点群体就业情况(U_O)	W_{UO1}	农村劳动力转移就业	W_{UO1-1}	转移就业人数
				W_{UO1-2}	转移就业质量
				W_{UO1-3}	有组织转移就业
		W_{UO2}	高校毕业生就业	W_{UO2-1}	应届高校毕业生就业
				W_{UO2-2}	往届高校毕业生就业
				W_{UO2-3}	高校毕业生就业见习
		W_{UO3}	困难人员再就业	W_{UO3-1}	促进就业困难人员就业
				W_{UO3-2}	消除零就业家庭
				W_{UO3-3}	公益性岗位安置
	W_{UB} 创业促进就业情况(U_B)	W_{UB1}	创业工作成效	W_{UB1-1}	工作成效:新增就业占比
				W_{UB1-2}	工作成效:带动就业比率
				W_{UB1-3}	政策成效:创业贷款成功比率
				W_{UB1-4}	政策成效:创业贷款带动就业比率
				W_{UB1-5}	平台成效:企业成活率
				W_{UB1-6}	平台成效:带动就业比率

(续表)

一级指标	二级指标	三级指标		四级指标	
		权重	名称	权重	名称
就业工作总体绩效评估(TEOE)	创业促进就业情况(U_B) W_{UB}	W_{UB2}	创业政策落实	W_{UB2-1}	基础创业政策:享受创业社保补贴比率
				W_{UB2-2}	基础创业政策:享受带动就业社保补贴比率
				W_{UB2-3}	基础创业政策:享受房租、水电补贴比率
				W_{UB2-4}	创业贷款政策:享受人数比率
				W_{UB2-5}	创业培训政策:享受补贴比率
		W_{UB3}	创业服务平台	W_{UB3-1}	创业服务机构建设比率
				W_{UB3-2}	孵化基地建设比率
				W_{UB3-3}	创业园区建设比率
	职业培训情况(U_T) W_{UT}	W_{UT1}	总体成效	W_{UT1-1}	培训目标计划完成情况
				W_{UT1-2}	培训后实现就业创业的情况
		W_{UT2}	常规培训	W_{UT2-1}	城镇失业人员培训:完成计划与实现就业情况
				W_{UT2-2}	农村劳动力培训:完成计划与实现就业情况
				W_{UT2-3}	创业培训:完成计划与实现创业情况
		W_{UT3}	专项培训	W_{UT3-1}	新成长劳动力培训:完成计划与实现就业情况
				W_{UT3-2}	纺织服装业培训:完成计划与实现就业情况
				W_{UT3-3}	高技能人才培训:完成计划与实现持证情况

(续表)

一级指标	二级指标	三级指标		四级指标	
		权重	名称	权重	名称
就业工作总体绩效评估（TEOE）	职业培训情况（U_T）W_{UT}	W_{UT4}	其他培训	W_{UT4-1}	职业技能鉴定：目标计划完成情况
				W_{UT4-2}	企业内培训：目标计划完成情况
		W_{UT5}	培训管理	W_{UT5-1}	职业培训信息系统应用情况
				W_{UT5-2}	民办职业培训机构管理情况
	就业信息化建设情况（U_I）W_{UI}	W_{UI1}	信息系统实名制	W_{UI1-1}	农村转移就业劳动力
				W_{UI1-2}	高校毕业生
				W_{UI1-3}	登记失业人员
				W_{UI1-4}	就业困难人员
				W_{UI1-5}	享受失业保险待遇人员
		W_{UI2}	业务系统应用情况	W_{UI2-1}	覆盖地区单位
				W_{UI2-2}	覆盖业务功能领域
				W_{UI2-3}	覆盖服务管理对象范围
				W_{UI2-4}	覆盖信息的数量和质量
		W_{UI3}	专项系统应用情况	W_{UI3-1}	公益性岗位管理
				W_{UI3-2}	高校毕业生管理
				W_{UI3-3}	农村劳动力转移就业管理
				W_{UI3-4}	职业培训管理
				W_{UI3-5}	职业技能鉴定管理
		W_{UI4}	信息监测	W_{UI4-1}	农村劳动力资源定点监测
				W_{UI4-2}	企业用工情况定点监测
				W_{UI4-3}	市场供求情况定点监测

七、计算方法

绩效评估过程中,主要涉及三大类指标的计算。

(1) 基础指标。基础指标是指用于评估计算的基础性计算指标。例如,对一个地区完成某个目标任务的情况进行评估时,该地区在此目标任务上的具体完成数据,用一个具体数值表示,如某地区完成就业目标任务的百分比。基础指标可以直接采用原始数据,但常常是通过原始数据(如相关统计数据和通用数据)计算得出的某种数值,如指标"目标任务完成情况",就不是用该地区的完成数值,而是用完成数值与目标数值的比,以反映该地区完成目标任务的进展情况。

(2) 修正指标。修正指标是指在基础指标数值的基础上,考虑到各地区间经济、社会、人口等因素(相当于某种"背景性"或"天然性"因素)的差异,不宜直接使用基础指标,而应根据这些相关因素,对基础指标的数值进行修正,以更好地反映各地区间的相对情况。例如,评估辖区内某一地区的农村劳动力转移就业对全辖区的贡献作用时,因为各地农村劳动力人数不同、甚至差异很大,就不能直接用该地区人数与全辖区人数中的比例来评估,而要使用该地区农村劳动力人数占全辖区人数的比例来修正,用修正后的指标数值进行评估。

(3)绩效指标。绩效指标是指具体反映某一个专门工作的具体绩效的指标,是评估中最关键的计算部分。绩效指标是多级的,最低一级绩效指标的数值来源于上述基础指标或修正指标的某种计算,而其他级别的绩效指标数值则来源于其下级绩效指标的加权总和。对于最低一级的绩效指标,其数值计算要考虑到多种因素,主要包括:自身工作过程性进展、自身工作目标的完成水平、地区间相对比较等。

(一)基础指标计算方法

1. 占比类指标

(1)含义:指某项基础数据在更大领域总数中所占的比例,用于反映该基础数据的份额情况。

(2)实例:城镇人口人数占全区人口人数的比例。

城镇人口占比=城镇人口人数/全区人口人数

(3)适用:主要用于计算各地某些基础指标的占比情况。

① 基本人口占比:一个地区的城镇(或农村)人口数占全部人口的比例,以及一个地区的全部(或城镇/农村)人口占全辖区全部(或城镇/农村)人口的比例。

② 从业人员占比:一个地区从业人数占全辖区从业人数的比例。

(4)区间:下限=0%,上限=100%。

2. 进展类指标

（1）含义：指在完成某个有目标计划要求的指标时，实际完成数占目标计划数的比例，用于反映完成目标计划的进展情况。

（2）实例：城镇新增就业人数相对于目标任务的比例。

新增就业进展＝当期新增就业人数／年度目标计划人数

（3）适用：主要用于计算各地完成各项目标任务的实际情况。

（4）区间：下限＝0％，无上限。一般在75％～125％之间。

3. 达标类指标

（1）含义：指某项工作的完成数占要求水平数的比例，用于反映实际工作数量与要求的水平是否基本一致。

（2）实例：地方财政配套的就业资金占当地财政收入的比例。

地方财政配套比例＝地方配套资金／当地财政收入

（3）适用：主要用于计算有具体标准的指标。

（4）区间：下限＝0％，无上限。一般在50％—150％之间。

4. 成分类指标

（1）含义：指某项工作完成数占其上位全局数的比例，用于反映该项工作在全局工作中所占的份额。

（2）实例：企业就业人数占全部新增就业人数的比例。

企业就业占比＝企业就业人数／新增就业人数

（3）适用：主要用于计算某些具有局部特征的指标所占的份额。

（4）区间：下限＝0％，上限＝100％。

5. 成效类指标

（1）含义：指某项工作得到的成效数量占基础数量的比例，用于反映某一工作带来的目标性工作成效。

（2）实例：培训后实现就业人数所占比例。

实现就业比例＝实现就业人数／参加培训人数

（3）适用：主要用于计算某局部指标占的份额。

（4）区间：下限＝0％，上限＝100％。

6. 人均类指标

（1）含义：指政策对象享受某项政策补贴资金的平均标准，用于反映该政策在落实中是否符合政策享受标准。

（2）实例：培训补贴政策人均享受标准。

人均享受标准＝已支付政策资金总额／享受政策人数

7. 贡献类指标

（1）含义：指某地的工作成果数量占全辖区工作成果数量的比例，用于反映该地区对全辖区工作贡献的大小。

（2）实例：某地区转移就业人数占全辖区转移就业人数的比例。

转移就业贡献＝某地区转移就业人数／全辖区转移就业人数

（3）适用：主要用于计算某地区工作对全辖区工作的贡献。

（4）区间：下限＝0％，上限＝100％。

8. 覆盖类指标

（1）含义：指某项工作任务在要求全覆盖的各领域达到的实际比例，用于反映该工作任务达到全覆盖要求的范围。

（2）实例：创业服务机构对全部地县的覆盖率。

覆盖率＝某地区已建机构地县数／该地区全部地县数

（3）适用：主要用于计算某项要求在要求范围上的覆盖情况。

（4）区间：下限＝0％，上限＝100％。

注意事项：

① 上述基础指标计算均属于百分比计算。

② 不同性质的数据之间不应采用百分比计算。

③ 进行占比类指标计算时,一般必须采用同一时间节点的数据。但在计算进展类指标的百分比时,可以使用不同时间节点的数据,一般分母数据为年度目标任务数据,而分子数据可以是当期(月份、季度、半年等)的实际完成数据。

④ 进行进展类指标计算时,必须考虑分母经常为年度目标数据,而分子有可能是月份、季度或半年数据。如果用于评估工作进展情况,可以直接使用这两个数据;而如果用于评估工作绩效,则应使用与分母对应时段的数据,如分子若为半年数据则应乘以2。

⑤ 进行达标类指标计算时,采用的标准数据必须是有正式依据的指标值,如有正式文件规定的此项工作必须达到的水平性数值,作为达标要求的标准,以确保评估结果能够反映被评估方的实际情况。

⑥ 进行成分类指标计算时,分子必须与分母同一性质类属,分子应是包含在分母内的组成部分之一,不能用不同性质、类属的两个数据来计算成分类指标。

⑦ 进行成效类指标计算时,作为分子的数据必须是作为分母的数据的目标性结果,即是其组成部分并由其导出。如"创业成功人数/创业人数""创业带动就业人数/创业人数""孵化成功企业数/进入孵化器企业总数"。

⑧ 进行人均类指标计算时,作为被除数的政策资金数额必须与作为除数的享受政策人数对应,特别是要考虑资金支付的后延性。人均类指标的计算也是用除法,但并不属于百分比计算。

⑨ 进行贡献类指标计算时,必须考虑各地之间的背景差异,如不宜直接使用企业就业人数占比,因为各地总人口、城镇人口、经济发展水平不同,应结合这些因素对占比进行修正后再使用。

(二) 修正指标计算方法

1. 数据规范类修正指标

(1) 含义:指根据评估计算要求,按数值规则对基础指标的数据进行修正,获得相应的合规数值。

(2) 实例:登记失业人员就业比相对全辖区平均数的差值修正。

某地区差值修正 =[(本地就业比 − 全区平均就业比)/
　　　　　全区平均就业比]− 正向系数 ×
　　　　　全区各地最小的就业比差值

注:"正向系数"是确保修正后的差值均为正数的系数。

(3) 说明:

① 数据规范类修正只是将数据调整为易于计算的数据,

并不直接改动数据的内涵,特别是不影响各地区数据间的关系;

② 数据应有的具体规范可以根据实际情况自行确定。

2. 经济背景类修正指标

(1) 含义:指考虑到地区间经济发展水平的差异,在对各地区的工作成绩进行地区间比较型的绩效评估前,需要用经济发展水平作为背景数据,对各地区的工作成果数据进行修正,以公平反映各地区工作上的实际水平差异。

(2) 实例:地方配套就业资金占财政收入比的经济背景修正。

某地配套资金占当地财政收入比例的修正值=(原占比+目标占比)/(当地人均财政收入/全区平均人均财政收入)

注:"目标占比"是文件规定地方配套资金应不低于的标准。

(3) 说明:

① 经济背景类修正的核心是解决地区间经济背景条件的不同造成的绩效差异,修正结果将对地区间的数据产生直接影响;

② 必须选择真正的经济数据集,才能解决地区间公平性的问题。

3. 有效范围类修正指标

（1）含义：指涉及某一类就业人数的计算时，如要比较地区间的工作差异，必须考虑到地区间该类人群基础数据的差异，即要将基础人数作为有效的考察范围，对各地区的工作成果数据进行修正，以公平反映各地区工作上的实际水平差异。

（2）实例：转移就业人数对全辖区贡献值占比的有效范围修正。

某地转移就业人数对全辖区贡献占比的修正值＝原占比/（当地农村富余劳动力/全辖区农村富余劳动力）

（3）说明：

① 有效范围类修正的关键是找到直接对应的基础数据集；

② 有效范围类修正仅用于对地区间完成某项工作情况的比较。

（三）绩效指标计算方法

1. 目标类绝对差值指标

（1）含义：指按照确定的目标任务数值，对各地区达到该目标数值的情况进行评估，用于反映一个地区达到该目标任务的程度情况。

（2）实例：年度新增就业目标任务的绝对完成情况。

① 绝对差值＝完成目标比例数－目标要求比例数

② 差值得分＝[100|绝对差值≥0]or[100×(绝对差值)|目标差值＜0

③ 注：如目标差值小于 0，公式中的目标差值要用要求数减去完成数。

(3) 适用：有明确目标数值要求的指标评估。

(4) 区间：下限＝0，上限＝100。

2. **目标类相对差值指标**

(1) 含义：指以全辖区某项工作的平均数为标准，对各地区是否达到该水平进行评估，用于反映一个地区在各地区间完成该工作的水平情况。

(2) 实例：年度新增就业目标任务的相对完成情况。

① 相对差值＝(完成目标比例数－平均比例数)/平均比例数＋min(min 为各地区完成目标比例数最小值)

② 差值得分＝100×相对差值/max(max 为各地区相对差值最大值)

③ 注：①中的 min 计算属于前述的修正计算，以避免负数。

(3) 适用：有明确目标数值要求的指标评估。

(4) 区间：下限＝0，上限＝100。

3. 比较类直接离差指标

（1）含义：指直接根据全辖区内完成某项工作的最高水平，对各地区相互间的差异水平进行评估，用于反映一个地区在全辖区内的相对工作水平情况。

（2）实例：创业带动就业人数占比的全辖区相对水平。

① 离差得分＝100×某地占比/max（max 为各地区最大占比）

② 注：如果地区间差异太大，可以考虑设置最低分标准。

（3）适用：没有统一标准，可以直接反映工作成效的评估指标。

（4）区间：下限＝0，上限＝100。

4. 比较类最大离差指标

（1）含义：指以全辖区内完成某项工作的最高水平为标准，对各地区与该标准间的差异水平进行评估，用于反映一个地区在全辖区内的工作水平情况。

（2）实例：创业成功人数在新增就业中占比的全辖区相对水平。

① 最大离差＝max（各地区创业人数占比）－某地区占比

② 离差得分＝100×最大离差/max（max 为各地区最大

离差）

③ 注：如果地区间差异太大，可以考虑对最大离差进行修正。

（3）适用：没有统一标准，地区间差异不大时的评估指标。

（4）区间：下限＝0，上限＝100。

5. 比较类标准离差指标

（1）含义：指以全辖区各地区在某项工作上的标准分数（Z分数）为基础，对各地区相互间的差异水平进行评估，用于反映一个地区在全辖区内的工作水平情况。

（2）实例：新增就业中企业就业占比的全辖区相对水平。

① 比较差值＝Z分数（一地区企业就业占比在全辖区中位置）

② 比较离差＝Z分数－基础区间×min（min为各地区比较离差最小值）

③ 离差得分＝100×比较离差/max（max为各地区比较离差最大值）。

④ 注：Z分数用于反映一个数列的离散程度。其中的"基础区间"为Z分布的可信区间范围，一般可设为3。

（3）适用：没有统一标准，反映地区间差异的评估指标。

（4）区间：下限＝0，上限＝100。

6. **基准类分布离差指标**

（1）含义：指以规定的基准数值为核心，对各地区相对于此核心的分布距离情况进行评估，用于反映一个地区符合此核心要求的程度情况。

（2）实例：职业培训补贴资金占就业资金总额的比例水平。

① 分布离差＝ABS（某地占比－基准占比）/基准占比

② 离差得分＝100－100×分布离差/max（max 为各地区分布离差最大值）

③ 注：基准占比是一个建议值，要求实际值越接近越好。

（3）适用：有建议标准时，衡量各地区与此建议标准间的差异程度。

（4）区间：下限＝0，上限＝100。

注意事项：

① 绩效指标的计算是所有具体工作绩效评估中必须完成的基本工作，是全部绩效评估最重要的部分。

② 针对第一个具体工作内容的绩效评估，应根据实际需要采取不同的绩效指标计算模式，应按照该工作的特点情况和绩效评估所要起到的具体作用，选择具体的计算模式。

③ 每项具体工作的绩效指标计算可以采用多种计算模式,即可以混合使用多种计算模板,以全面反映该工作的特点及具体情况,以避免过分简单地进行评估。

④ 通常情况下,一项工作可以从两个方面进行评估:一是水平达标评估(标准参照评估),即以事先确定的标准(如年度工作目标计划、文件规定的占比等),对各地区达到此标准的情况进行评估;二是相对差异评估(常模参照评估),即以全辖区内各地区的总体水平(一般用平均水平值)为标准,对各地区相互之间的水平差异情况进行评估。

⑤ 上述六种方法中,目标类绝对差值、比较类直接离差、比较类最大离差属于水平达标评估,其他三种属于相对差异评估。

八、权重设置方法

权重设置采取专家评议法进行,同时针对不同地区、节点,采取有针对性的评议,确定权重。

图书在版编目(CIP)数据

高效能政府绩效评估体系/张小峰,刘显睿著. —上海:复旦大学出版社,2020.1
(HR 专业能力建设工程丛书)
ISBN 978-7-309-14356-0

Ⅰ.①高… Ⅱ.①张… ②刘… Ⅲ.①国家行政机关-行政管理-研究-中国 Ⅳ.①D630.1

中国版本图书馆 CIP 数据核字(2020)第 005692 号

高效能政府绩效评估体系
张小峰　刘显睿　著
责任编辑/李　荃　方毅超

复旦大学出版社有限公司出版发行
上海市国权路 579 号　邮编:200433
网址:fupnet@fudanpress.com　http://www.fudanpress.com
门市零售:86-21-65642857　团体订购:86-21-65118853
外埠邮购:86-21-65109143
浙江新华数码印务有限公司

开本 787×960　1/16　印张 18.5　字数 153 千
2020 年 1 月第 1 版第 1 次印刷

ISBN 978-7-309-14356-0/D·1017
定价:68.00 元

如有印装质量问题,请向复旦大学出版社有限公司发行部调换。
版权所有　侵权必究